D1730550

SV

Band 220 der Bibliothek Suhrkamp

Max Jacob

Der Würfelbecher

Gedichte in Prosa

Suhrkamp Verlag

Deutsch von Friedhelm Kemp

Titel der französischen Originalausgaben:
Le Cornet à Dés, Le Cornet à Dés II und *Derniers Poèmes
en vers et en prose,* Editions Gallimard,
Paris 1945, 1955 und 1961

Fünftes und sechstes Tausend 1986
Copyright by Librairie Gallimard 1945, 1955 und © 1961
Deutsche Übersetzung: © Suhrkamp Verlag Frankfurt am Main 1968
Alle Rechte vorbehalten
Druck: Nomos Verlagsgesellschaft, Baden-Baden
Printed in Germany

Vorwort

Alles, was existiert, hat seinen Ort *(est situé)*. Alles, was oberhalb der Materie ist, hat seinen Ort; auch die Materie selber hat ihren Ort. Zwei Werke nehmen einen verschiedenen Ort ein je nach dem Geist ihrer Urheber oder der angewandten Kunstmittel. Raphael steht über Ingres, Vigny über Musset. Madame X . . . steht über ihrer Kusine; der Diamant über dem Quarz. Das hängt vielleicht von Beziehungen zwischen Moralität und Moral ab? In früheren Zeiten glaubte man, die Künstler empfingen ihre Eingebungen durch die Engel, und es gäbe verschiedene Kategorien von Engeln.

Buffon hat gesagt: »Der Stil ist der Mensch selbst.« Was bedeutet, daß ein Schriftsteller mit seinem Blut schreiben soll. Die Definition ist heilsam, aber sie scheint mir nicht zutreffend. Der Mensch selbst, das ist seine Sprache, seine Art zu empfinden *(sensibilité)*; man hat recht zu sagen: Drücken Sie sich mit Ihren eigenen Worten aus. Man hat unrecht, dies für Stil zu halten. Warum will man für den Stil in der Literatur eine andere Definition geben als in den verschiedenen bildenden Künsten? Der Stil ist der Wille, durch gewählte Mittel aus sich herauszutreten *(s'extérioriser)*. Man verwechselt gewöhnlich wie Buffon Sprache und Stil, weil nur sehr wenige Menschen das Bedürfnis nach einer willentlichen Kunst, das heißt nach der Kunst selber, haben und weil jeden danach verlangt, daß die menschliche Natur sich ausdrücke. In den großen Zeiten der Kunst liefern die seit der Kindheit gelehrten Kunstregeln den stilbildenden Kanon: Künstler ist dann, wer, trotz der von Kindheit an befolgten Regeln, einen lebendigen Ausdruck findet. Dieser lebendige Ausdruck ist der Zauber der Adelsgesellschaft, der Zauber des 17. Jahrhunderts. Das 19. Jahrhundert ist voll von Schriftstellern, die zwar die Notwendigkeit des Stils begriffen, jedoch nicht gewagt haben, von dem Thron herabzusteigen, den ihr Verlangen nach Reinheit errichtet hatte. Sie haben sich Hindernisse auf Kosten des Lebens geschaffen.* Hat der Autor den Ort seines Werkes bestimmt, kann er alle Reize spielen lassen: Sprache, Rhythmus, Musikalität und Witz. *Wenn ein Sänger seine Stimme placiert hat, kann er sich Koloraturen und Triller erlauben.* Um recht verstanden zu werden, bitte ich, Montaignes Ungezwungenheit mit der eines Aristide Bruant oder die Anrempelungen eines Groschenblättchens mit Bossuets Ausfällen zu vergleichen, wenn er gegen die Protestanten wettert.

Diese Theorie hat keinerlei Ehrgeiz; sie ist auch nicht neu: es ist die klassische Theorie, die ich bescheiden ins Gedächtnis rufe. Die eben angeführten Namen sind nicht dazu da, die »Modernen« mit der Keule der »Alten« niederzuschlagen; diese Namen sind unumstritten. Wenn ich andere, mir geläufige Namen zitiert hätte, hätten Sie das Buch vielleicht fortgeworfen, was nicht nach meinem Wunsch wäre; ich möchte, daß Sie, wenn nicht lange, so doch oft darin lesen: verstehen

* Das Prosagedicht soll, trotz seiner stilgebenden Regeln, von freiem, lebendigem Ausdruck sein.

lehren heißt lieben lehren. Man schätzt nur die langen Werke; es ist aber schwierig, lange Zeit schön zu sein. Man kann einen japanischen Dreizeiler der *Eve* von Péguy vorziehen, die dreihundert Seiten hat, und einen zwanglosen Brief der Madame de Sévigné voll kühner, glücklicher Einfälle einem jener ehemaligen Romane, die nur so aneinandergestückt waren und die dem Anstand genügt zu haben glaubten, wenn sie den Forderungen der These entsprochen hatten.

Seit dreißig oder vierzig Jahren sind sehr viele Prosagedichte geschrieben worden; ich kenne kaum einen Dichter, der begriffen hätte, worum es dabei geht, und der bereit gewesen wäre, seinen Ehrgeiz als Autor der formalen Gestaltung des Prosagedichts zu opfern. Der Umfang ist bedeutungslos für die Schönheit des Werkes, sein Ort (*situation*) und sein Stil sind alles. Nun, ich hoffe, den Leser mit diesem »Würfelbecher« in dieser doppelten Hinsicht zufrieden zu stellen.

Die künstlerische Empfindung (*émotion artistique*) ist weder ein sinnlicher noch ein Gefühlsakt; sonst genügte die Natur, sie in uns hervorzurufen. Nun gibt es aber die Kunst, also entspricht sie einem Bedürfnis: die Kunst ist eigentlich eine Ablenkung (*distraction*). Ich weiß wohl: dies ist die Theorie, der wir eine Schar von wunderbaren Helden, höchst eindrucksvollen Schilderungen hoher und niederer Kreise verdanken, an denen sich die berechtigte Neugier und die Sehnsüchte der Bürger befriedigen, die ihre eigenen Gefangenen sind. Aber das Wort Ablenkung muß in einem umfassenderen Sinne verstanden werden. Ein Kunstwerk ist eine Kraft, welche die freien Kräfte dessen, der sich ihm nähert, anzieht und aufsaugt. Es findet hier so etwas wie eine Vermählung statt, und der Liebhaber (*amateur*) spielt dabei die Rolle der Frau. Ihn verlangt danach, von einem Willen ergriffen und gehalten zu werden. Der Wille spielt demnach bei der Schöpfung die Hauptrolle, das Übrige ist nur der Köder vor der Falle. Der Wille kann nur die Wahl der Mittel betreffen, denn das Kunstwerk ist nur eine Gesamtheit von Mitteln, und wir gelangen hinsichtlich der Kunst zu der Definition, die ich bereits vom Stil gab: Kunst ist der Wille, durch gewählte Mittel aus sich herauszutreten. Die beiden Definitionen fallen zusammen, und Kunst ist nichts anderes als Stil. Unter Stil verstehe ich hier die Verarbeitung des Stoffs und die Komposition des Ganzen, nicht die Sprache des Schriftstellers. Und ich behaupte abschließend, die künstlerische Empfindung sei die Wirkung einer denkenden Aktivität auf eine gedachte. Nur ungern verwende ich das Wort »denkend«, weil, meiner Überzeugung nach, die künstlerische Empfindung dort aufhört, wo das zergliedernde Denken beginnt: zum Nachdenken anregen und die Empfindung des Schönen (*émotion du beau*) vermitteln ist zweierlei. Auch der Gedanke gehört noch zu dem Köder vor der Falle.

Je größer die Aktivität des Sujets ist, einen desto höheren Grad erreicht die Empfindung, die der künstlerische Gegenstand auslöst; darum muß das Kunstwerk dem Sujet entrückt werden. Darum muß jedes Kunstwerk verortet (*situé*) sein. Man könnte hier auf Baudelaires Theorie von der Überraschung stoßen: diese Theorie ist ein wenig grob. Baudelaire verstand das Wort »Ablenkung« in seinem gewöhnlichsten Verstand. Überraschen will wenig heißen, man muß *versetzen* (*transplanter*). Die Überraschung bezaubert und verhindert die wirkliche Schöpfung: sie ist schädlich wie alle Zauberkünste. Ein Schöpfer hat erst hinterdrein das Recht, zu bezaubern, wenn das Werk Ort und Stil hat.

Doch gilt es den Stil eines Werkes und seine Verortung (*situation*) zu unterscheiden. Der Stil oder Wille schafft, das heißt, löst ab. Die Verortung entrückt, das heißt, weckt die künstlerische Empfindung. Daß ein Werk Stil hat, erkennt man daran, daß es den Eindruck des Geschlossenen macht; daß es seinen Ort hat, erkennt man an dem kleinen Stoß, den es uns versetzt, oder auch an dem freien Raum, der es umgibt, an der eigenen Atmosphäre, in der es sich bewegt. Gewisse Werke Flauberts haben Stil; keines ist verortet. Mussets Theater ist verortet und hat sehr wenig Stil. Mallarmés Werk ist der Typus des verorteten Werkes: wenn Mallarmé nicht geschraubt und dunkel wäre, er wäre ein großer Klassiker. Rimbaud hat weder Stil noch Ort, bei ihm begegnet uns die Überraschung Baudelaires; hier triumphiert die romantische Unordnung.

Rimbaud hat das Feld der Sensibilität erweitert, und alle Schriftsteller sind ihm gegenüber zur Dankbarkeit verpflichtet, aber die Verfasser von Prosagedichten können ihn nicht zum Vorbild nehmen, denn, um als es selber dazusein, muß das Prosagedicht sich den Gesetzen aller Kunst unterwerfen, welche der Stil oder Wille und die Verortung oder Empfindung sind, und

Rimbaud führt nur zu Unordnung und Verzweiflung. Das Prosagedicht soll auch die Parabeln Baudelaires und Mallarmés meiden, wenn es sich von der Fabel unterscheiden will. Man begreift demnach, daß die Sammlungen mehr oder minder reizvoller Impressionen, die gewisse Kollegen, welche Überschuß haben, von Zeit zu Zeit herausgeben, für mich keine Prosagedichte sind. Eine Seite Prosa ist noch kein Gedicht in Prosa, auch wenn sie zwei oder drei Trouvaillen enthält. Hingegen würde ich besagte Trouvaillen als Prosagedichte gelten lassen, wenn sie mit dem nötigen freien Raum und geistigen Abstand geboten werden. Bei dieser Gelegenheit möchte ich die Verfasser von Prosagedichten vor den allzu blitzenden Edelsteinen warnen, die das Auge zum Nachteil des Ganzen auf sich lenken. Das Gedicht ist ein hergestellter Gegenstand und kein Schmuckladen. Rimbaud bietet die Auslage eines Juweliers, nicht das Juwel: das Prosagedicht ist ein Juwel.

Ein Kunstwerk empfängt seinen Wert aus sich selbst und nicht durch irgendwelche Vergleiche mit der Wirklichkeit. Im Kinematographen sagt man: »Ja, so ist das!« Vor einem künstlerischen Gegenstand sagt man: »Welche Harmonie! welche Sicherheit! welche Haltung! welche Reinheit!« Die wunderbaren Definitionen Jules Renards versagen vor dieser Wahrheit. Das sind realistische Werke, ohne wirkliches Dasein; sie haben Stil, aber sie sind nicht verortet; der gleiche Zauber, der sie lebendig macht, tötet sie. Ich glaube, Jules Renard hat andere Prosagedichte hervorgebracht als seine Definitionen: ich kenne sie nicht; das tut mir leid: vielleicht ist er der Erfinder der Gattung, so wie ich sie mir denke. Bis auf weiteres halte ich dafür Aloysius Bertrand mit seinem *Gaspard la Nuit* und den Verfasser des *Livre de Monelle*, Marcel Schwob. Beide haben Stil und halten Abstand: das heißt, sie komponieren und sie verorten. Dem einen mache ich seinen Romantizismus »in Callots Manier« (wie er das selber nennt) zum Vorwurf, der, auf eine zu grelle Farbgebung erpicht, das Werk selber verhüllt. Übrigens hielt er, seinen eigenen Worten nach, diese Prosastücke für Materialien zu einem Werk und nicht für abgeschlossene Werke. Dem andern werfe ich vor, daß er Erzählungen und nicht Gedichte geschrieben hat, und was für Erzählungen! preziös, kindisch, künstlerisch! Doch wäre es leicht möglich, daß diese beiden Schriftsteller die Gattung »Prosagedicht« geschaffen haben, ohne es zu wissen.

Max Jacob

September 1916

Erster Teil

Haben die Blitze im Ausland nicht die gleiche Gestalt?
Meine Eltern hatten Besuch, man diskutierte über die
Farbe des Himmels. Sind das etwa Blitze? Eine rosige
Wolke kam näher. Oh! plötzlich war alles anders.
Mein Gott! wie ist es nur möglich, daß deine Wirk-
lichkeit so lebendig ist? Hier das Vaterhaus; gleich vor
dem Fenster die Kastanienbäume, hinter den Kasta-
nienbäumen die Präfektur, hinter der Präfektur der
Frugy-Berg: lauter Wipfel, Firste und Gipfel! Eine
Stimme verkündigte: »Gott!« und es ward eine Helle
in der Nacht. Ein riesiger Leib verdeckte die halbe
Landschaft. War Er es? war es Hiob? er war arm; man
sah sein durchbohrtes Fleisch, ein Linnen verbarg
seine Schenkel: wie viele Tränen, o Herr! Er stieg
herab . . . Wie? Da stiegen auch lauter überlebensgroße
Paare herab. Sie kamen aus der Luft in Kisten, in
Ostereiern: sie lachten, und Fäden schwarz wie Pulver
häuften sich auf dem Balkon des Vaterhauses. Es war
zum Fürchten. Die Paare richteten sich in dem Vater-
haus ein, und wir beobachteten sie durchs Fenster.
Denn sie waren böse. Überall schwarze Fäden, auch
auf dem Tischtuch im Eßzimmer, und meine Brüder
nahmen Schießpatronen auseinander. Seither stehe ich
unter polizeilicher Überwachung.

Der Krieg

Nachts sind die äußeren Boulevards voll Schnee; die Banditen sind Soldaten; man überfällt mich mit Gelächter und Säbeln, man plündert mich aus: ich entfliehe und gerate in einen anderen Hof. Gehört er zu einer Kaserne, zu einem Gasthaus? Wieviel Säbel! wieviel Ulanen! es schneit! man sticht mich mit einer Spritze: ein Gift, das mich umbringen soll! Ein schwarzverschleierter Totenkopf beißt mich in den Finger. Undeutliche Straßenlaternen werfen auf den Schnee das Licht meines Todes.

Häßlichkeiten!
Gräßliche Zeiten!

Bei einer Vorstellung des patriotischen Vaudevilles »*Pour la Couronne*« in der Oper, gerade an der Stelle, wo Desdemona singt: »Mein Vater ist in Goritz, mein Herz ist in Paris«, hörte man einen Schuß in einer Loge des fünften Rangs, dann einen zweiten in den Orchestersesseln, und augenblicklich wurden Strickleitern entrollt; ein Mann wollte sich aus dem Gebälk herablassen: eine Kugel traf ihn in der Höhe des Balkons. Sämtliche Zuschauer waren bewaffnet, und es stellte sich heraus, daß das Haus nur von lauter ... und lauter ... voll war. Einige ermordeten ihren Nachbarn, man warf brennende Petroleumkanister. Die Logen wurden belagert, die Bühne wurde belagert, ein einzelner Klappsitz wurde belagert, und diese Schlacht dauerte achtzehn Tage. Wer weiß, die beiden Lager wurden vielleicht verproviantiert; jedenfalls weiß ich, daß die Journalisten kamen, um ein so gräßliches Schauspiel zu sehen, und da einer der Journalisten leidend war, hat er seine Frau Mutter hingeschickt, und diese war sehr angetan von der Kaltblütigkeit eines jungen französischen Aristokraten, der achtzehn Tage lang eine Proszeniumsloge hielt, ohne etwas anderes als eine Tasse Fleischbrühe zu sich genommen zu haben. Diese Episode im Krieg der Balkone hat in der Provinz viele freiwillige Meldungen zum Militär veranlaßt. Und ich kenne, am Ufer meines Flusses, unter meinen Bäumen, drei Brüder in neuen Uniformen, die sich mit trockenen Augen umarmt haben, während ihre Angehörigen die Schränke in den Mansarden nach Stricksachen durchsuchten.

Erinnerungen eines Spions

An den *Figaro* zu schreiben, ich hätte ein Gewehr gestohlen, oh! der Elende! er selber war es, der Hotelbesitzer! mein Bruder hat sein Gewehr in Paris im Hotel vergessen; der Hotelbesitzer hat es genommen, und jetzt schreibt er an den *Figaro*, ich sei es gewesen. Eine Kleinigkeit, das richtigzustellen: man schreibt an den »Herrn vom Orchester«, »Theater-Briefkasten«. Nützt das aber was? ich werde das Hotel verlassen: das Bett wird niemals gemacht; alte Weiber kommen in mein Zimmer, um sich an meinem Elend zu weiden;

die jungen Hausmädchen können auch nichts anderes als einem die kalte Schulter zeigen. Habe ich je ein Gewehr gestohlen?

Auf den Spuren des Verräters

Nochmals das Hotel! die Deutschen haben meinen Freund Paul gefangen genommen. Mein Gott, wo mag er sein? Lautenbourg, ein Fremdenheim in der Rue Saint-Sulpice, aber ich weiß die Zimmernummer nicht! der Empfangschef thront auf einem Katheder, das viel zu hoch für meine Augen ist. Ich möchte . . ., logiert bei Ihnen nicht eine Mlle Cypriani? – Das muß auf Nummer 21 oder 26 oder 28 sein, und gleich kommt mir die kabbalistische Bedeutung dieser Zahlen in den Sinn. Die Deutschen haben Paul gefangen genommen, weil er seinen Oberst verraten hat: in was für einer Zeit leben wir? die Zahlen 21, 26 und 28 stehen mit weißer Farbe auf schwarzem Grund gemalt, bei jeder drei Schlüssel. Wer ist Mlle Cypriani? Noch eine Spionin.

Gedicht in einem Geschmack,
der nicht der meinige ist

Moralische Betrachtungen und Zeichnungen, die der Besitzer eines übelbeleumdeten Hauses in Hanoi nach Paris geschickt hat, an das »Butterfäßchen«, ein politisches Witzblatt, das um 1900 einigen Erfolg hatte.

Die Zeichnungen aus Hanoi wollten es Herrn von O. an Modernität gleichtun; sie waren jedoch recht altbacken. Da wir hier nicht in der Lage sind, die bildkünstlerische Seite dieses Werkes zur Abschauung zu bringen, findet der Leser nachstehend dessen sittliche Leitgedanken, um welche die Welt den Verfasser beneiden wird.

»Ein alter Mann sagt nicht: Ich liebe dich; er sagt: Liebe mich!«

»Ein alter Mann hat keine Laster mehr, die Laster haben ihn.«

»Man hat keine Leidenschaft für den Tee: dennoch muß man ihn trinken. Manche Frauen sind wie der Tee.«

»Die fünfzehnte Liebesnacht! Ich werde mich noch genötigt sehen, dich in das Haus zurückzubringen, aus dem du kommst; du bist unersättlich.«

»Am Strand in einem Zelt wurde der Leichnam eines alten Mannes aufgefunden: er war freiwillig aus dem Leben geschieden, weil er im Spiel verloren hatte und nun außerstande war, die beiden Frauen eines anderen alten Mannes und diesen selber noch länger zu unterhalten.«

»Sei väterlich zu den Frauen, aber streng.«

Die Zeichnung, die diese letzte Lehre unterstrich, zeigte einen Mann, der wie der Dichter B. gekleidet war und über einer Frau mit aufgelösten Haaren einen Stock schwang.

Seit fünfzehn Jahren studiert der Besitzer des übelbeleumdeten Hauses in Hanoi die illustrierten Zeitungen, ob nicht eine von ihnen sein Werk gebracht hat.

Das »Butterfäßchen« erscheint nicht mehr, aber er glaubt, der Bodensatz dieses Fäßchens müsse auf irgendeinem Redaktionstisch gelandet sein. Dieser Autor aus dem Stegreif, der mit weißer und schwarzer Ware Mädchenhandel getrieben hat, der hintereinander Spion, Zuchthäusler, Croupier, diplomatischer Agent und Unternehmer einer Begräbnisanstalt gewesen ist, ist ein Mann von Erfahrung. Er ist nicht der einzige, dessen Erfahrung einen durch ihre Dürftigkeit überrascht.

Gedicht in einem Geschmack,
der nicht der meinige ist

Dir, Baudelaire

Neben einer Stechpalme, durch deren Laub man eine Stadt sah, standen vier Männer im Gespräch: Don Juan, Rothschild, Faust und ein Maler.
»Ich habe ein ungeheures Vermögen angehäuft«, sprach Rothschild. »Und da es mir keinen Genuß verschaffte, habe ich immer mehr und mehr hinzuerworben, in der Hoffnung, die Freude wiederzufinden, die mir die erste Million geschenkt hat.«
»Ich bin immer wieder der Liebe nachgerannt inmitten des Unglücks«, sprach Don Juan. »Geliebt zu werden und nicht zu lieben, ist eine Qual; aber ich habe nicht aufgehört, der Liebe nachzujagen, in der Hoffnung, das Gefühl der ersten Liebe wiederzufinden.«
»Als ich das Geheimnis gefunden hatte, das mir den

Ruhm brachte«, sprach der Maler, »habe ich andere Geheimnisse gesucht, um meinen Geist zu beschäftigen; für diese hat man mir den Ruhm verweigert, den das erste mir eingebracht hat, und so kehre ich zu meiner Formel zurück, obgleich ich ihrer überdrüssig bin.«

»Um des Glückes willen habe ich die Wissenschaft aufgegeben«, sprach Faust, »aber ich kehre zu der Wissenschaft zurück, obgleich meine Methoden veraltet sind, denn die Forschung ist das einzige Glück.«

Bei ihnen stand eine junge Frau, die mit künstlichem Efeu bekränzt war; sie sprach: »Ich langweile mich, ich bin zu schön!«

Und Gott hinter der Stechpalme: »Ich kenne die Welt, ich langweile mich.«

Deklamatorisches Gedicht

Nicht im Grauen der weißen Abenddämmerung, nicht in der fahlen Frühe, die der Mond zu erhellen sich weigert, nein, im trüben Licht der Träume schwebt ihr mit Flitter im Haar, Republiken, Niederlagen, Triumphe! Wer sind diese Parzen? wer sind diese Furien? ist es Frankreich unter der phrygischen Mütze? bist du es, England? ist es Europa? ist es die Erde auf dem Wolken-Stier des Minos? Es liegt eine große Stille in der Luft, und Napoleon lauscht der Musik des Schweigens auf der Hochebene von Waterloo. O Mond, mögen deine Hörner ihn schirmen! eine Träne schimmert auf seinen bleichen Wangen! so erregend ist der Vorbeizug der Gespenster. »Heil dir! Heil! die

Mähnen unserer Rosse sind feucht von Tau, wir sind die Kürassiere! unsere Helme funkeln wie die Sterne, und unsere staubbedeckten Bataillone im Dunkeln sind wie die göttliche Hand des Schicksals. Napoleon! Napoleon! wir wurden geboren und wir sind gestorben.« – »Zum Angriff! zum Angriff! Gespenster! ich befehle den Angriff!« Das Licht grinst: die Kürassiere salutieren mit dem Degen und grinsen; sie haben weder Knochen noch Fleisch. Da lauscht nun Napoleon wiederum der Musik des Schweigens, und er bereut, denn wo sind die Kräfte, die Gott ihm verliehen hatte? Doch da erscheint ein Trommler! Es ist ein Kind, das die Trommel schlägt: von seiner hohen Pelzmütze hängt ein rotes Tuch, und dieses Kind ist lebendig: es ist Frankreich! Und nicht mehr geistert ihr über der Hochebene von Waterloo, im trüben Licht der Träume, darin ihr mit Flitter im Haar einherschwebt, Republiken, Niederlagen, Triumphe: erloschen ist das Grauen der weißen Dämmerung, verweht die fahle Frühe, die der Mond zu erhellen sich weigert.

Gedicht

»Was begehrst du von mir?« sprach Merkur.
»Dein Lächeln und deine Zähne«, sprach Venus.
»Sie sind falsch. Was begehrst du von mir?«
»Deinen Flügelstab.«
»Ich trenne mich niemals von ihm.«
»So bring ihn selber her, göttlicher Postbote.«
Man muß das auf griechisch lesen: das nennt man eine

Idylle. Auf dem Gymnasium sagte mir ein Freund, der öfters bei der Prüfung durchgefallen war: »Wenn man einen Roman von Daudet ins Griechische übersetzte, dann wäre man gescheit genug für die Prüfung! aber ich kann nachts nicht arbeiten. Das bringt meine Mutter zum Weinen!« Auch das muß man auf griechisch lesen, meine Herren; das ist eine Idylle, εἰδύλλιον, kleines Bild.

Gedicht

Die Köpfe der napoleonischen Generäle wegwischen! Aber die sind doch lebendig! ich kann nur eines tun: ihre Hüte auswechseln: die Hüte sind voll Schießbaumwolle, und diese Herren des Ersten Kaiserreichs lassen nicht mit sich spaßen: die Schießbaumwolle fängt Feuer. Ich wußte nicht, daß die Schießbaumwolle eine so weiße Taube wäre. In diese biblische Landschaft eintreten! Aber das ist doch ein Holzschnitt: eine Reihe ungleicher Häuser, ein Strand hinter einem Wasserlauf, ein Wasserlauf hinter einem Palmbaum. Eine Illustration aus »Saint Matorel«, Roman von Max Jacob. Mlle Léonie und ich gehen dort spazieren; ich wußte gar nicht, daß wir in diesem Buche Koffer tragen. Die Generäle, die unter ihrem Hut bei diesem Bankett saßen, waren lebendig, aber Mlle Léonie und ich, sind wir beide etwa weniger lebendig? Ich kann nicht in diese biblische Landschaft eintreten, sie ist ein Holzschnitt: ich kenne sogar den Holzschneider. Als man den napoleonischen Generälen ihre Hüte wieder aufgesetzt hatte, war alles wieder, wie es sein sollte; ich kehrte in den Holzschnitt zurück, und Ruhe herrschte in der Wüste der Kunst.

Anekdote

Ein Tischler erging sich in Lobeserhebungen über einen seiner Schuldner. Als man sie diesem hinterbrachte, ward er aufs äußerste bestürzt und eilte, seine Freunde aufzusuchen.

»Wo wollen Sie hin? Ihr Gläubiger verehrt sie geradezu!«

»So begreifen Sie doch! Wenn er anfängt, mich zu loben, so ist dies ein Zeichen, daß er sicher ist, sein Geld wiederzubekommen; und wenn er sicher ist, mich von dieser Schuld zu befreien, so bedeutet dies, daß er mir den Gerichtsvollzieher auf den Hals schikken wird. Ich eile zu meinen Freunden, um mir einen Gläubiger zu suchen, der weniger hart ist und der den andern bezahlt.«

Als ich diese Anekdote einem Künstler erzählte und ihm gleichzeitig die Familie des Tischlers beschrieb: die Frau mit offener Brust, die Hände, die das Kind wiegten, den Bart des jungen Mannes.

»Mein Lieber«, entgegnete der Künstler, »wenn Sie dem Tischler einen Bart geben, so lassen Sie ihn kein Kind haben, ich bitte Sie. Wenn der Vater rasiert ist, ist die Schilderung weniger albern, und die Anekdote gewinnt.«

Und da ich nicht begriff, zuckte der Künstler die

Achseln aus Gründen, die ich hier verschweigen möchte.

Der Florentinerhut

An jener Stelle, wo Algier Konstantinopel ahnen läßt, waren die goldenen Epauletten nur noch Akazienzweige oder umgekehrt. Weintrauben aus Zelluloid sind modern, überall hängen die Damen sich dergleichen als Schmuck an. Ein Pferd hatte die Ohrgehänge einer meiner schönen Freundinnen verspeist: es starb an Vergiftung; das Karmin seiner Schnauze und das Fuchsin des Rebensaftes ergaben zusammen ein tödliches Gift.

Der Hahn und die Perle

Ich glaubte, er wäre ruiniert, aber er hatte noch Sklaven und ein Haus mit mehreren Räumen. Die Sängerinnen auf den Klippen waren halbnackt in ihren Badeanzügen. Abends bestieg man die Waggons, und die kleinen Züge glitten unter den Pinien hin. Und ich glaubte, er wäre ruiniert! . . . Er hat sogar einen Verleger für mich ausfindig gemacht! Der Verleger schenkte mir eine Schildkröte, deren Schale eine rosige Lasur zeigt: »Mit einem braven Taler wär mir mehr gedient gewesen!«

Und als von dem polnischen Ulanen, den man Glied um Glied zerstückelt und dem man seine Flasche zerbrochen hatte, nur noch ein Auge übrig war, sang das Auge »Die beiden Musketiere«.

Der Scherenschleifer (das ist der Tod) trägt eine Narrenkappe; er schlägt seinen mit kirschroter Seide gefütterten Mantel zurück, um einen großen Säbel zu wetzen. Ein Schmetterling auf dem Tretrad läßt ihn innehalten.

Ihre weißen Arme wurden mein ganzer Horizont.

Eine Feuersbrunst ist eine Rose auf dem aufgeschlagenen Pfauenschweif.

Das Dominospiel auf dem Teppich gemahnte an den Tod, und die weiße Schürze des Hausmädchens war auch nicht danach angetan, diese Vorstellung zu verscheuchen.

Mir träumte, die Nonnen hätten Beete im Sacré-Coeur angelegt, weil Gott die Erde liebt, und sie mit Konfetti bestreut, weil er die Freude liebt.

Großvaters Porträt von einem Fünfjährigen: ein Ochsenkopf, der die Pfeife raucht. Die Familie ist entzückt; Großvater ärgert sich.

Es war zwei Uhr morgens: die drei alten Damen waren elegant gekleidet, wie man sich vor einem halben Jahrhundert trug: schwarze Spitzenschals, Hauben mit Kinnschleifen, Schmucknadeln mit Kameen,

Kleider aus schwarzer Seide, die noch die Falten des Fabrikstoffs zeigte. Verödet lag der Bürgersteig, und ihre tränenschweren Augen hoben sich nach einem Fenster, dessen Vorhang schwach erleuchtet war.

Wenn du dein Ohr an das Ticktack deines Ohres hältst, wirst du etwas in dir hören, das nicht du selber bist, und das ein oder der Teufel ist.

Wenn man ein Bild malt, so verändert es sich völlig mit jedem neuen Pinselstrich, es kreist wie ein Zylinder, und das nimmt fast kein Ende. Wenn es zu kreisen aufhört, dann ist es fertig. Mein letztes Bild stellte einen babylonischen Turm aus brennenden Kerzen dar.

In Belgien, in den Tabaksläden, stecken die Tonpfeifen zu Hunderten auf fächerförmigen Gestellen, die bis an die Decke reichen. Ein belgisches Kind sagte mir, so sähen die Flügel des Teufels aus.

Augustine war ein Bauernmädchen, als der Präsident ein Auge auf sie warf. Um den Skandal zu vermeiden, verlieh er ihr alle nötigen Zeugnisse und Diplome einer höheren Lehrerin, dann ein »von« zu ihrem Namen, etwas Geld, und je mehr er sie ausstattete, desto mehr wurde sie seiner würdig. Ich armer bretonischer Bauer habe mir alles selber verliehen, den Titel eines Herzogs, das Recht, ein Monokel zu tragen, es ist mir gelungen, meinen Wuchs zu erhöhen, meinen Geist zu erheben, und es will mir doch nicht gelingen, meiner selbst würdig zu sein.

Schwere, große Früchte auf einem zwerghaft kleinen Baum, die viel zu schwer und groß für ihn sind. Ein Felsschloß auf einer viel zu kleinen Insel. Eine Kunst in einem Volk, die viel zu rein ist für dieses Volk.

Ein Tanzbär verließ den Dorfplatz und schlug an einer Hauswand sein Wasser ab.

Manchmal, wenn du schnarchst, weckt die materielle Welt die andere auf.

Als ich die Rue de Rennes hinablief, biß ich mit solcher Erregung in mein Butterbrot, das mir war, als zerrisse ich mein eigenes Herz.

Ein fahlblauer Dornstrauch – es ist ein Kirchturm im Mondlicht.

Da ist nichts mehr als der Wipfel der Bäume, nichts mehr als der First eines Hausdachs, nichts mehr als ein krankes Hinterteil, das etwas Falsches behauptet, um die Wahrheit zu erfahren, und das recht hat.

Das Periskop von Mentana ist eine unterirdische Grotte: der Rahmen aus Felsgestein, ein elegantes Rechteck. Der See ist aus Tusche und völlig überschaubar; von rechts und links neigen sich schräg in den Raum hinein zwei Seraphim mit schwarzem Angesicht, die sich den Kopf stoßen, als Einfassung; am Fuß der Felsensäule und auf der Stufe sieht man einen unterlebensgroßen Bürokraten im Straßenjackett, der sich den kahlen Schädel kratzt. Es erinnert ein bißchen an eine Schaufensterauslage, das ist das Periskop von Mentana.

In diesem bretonischen Wald, durch den die Kalesche fährt, gibt es nur einen Spottengel: die Bäuerin in Rot im Geäst, die mich wegen meiner Unkenntnis der keltischen Sprache verlacht.

Um sich an dem Schriftsteller zu rächen, der ihnen das Leben geschenkt hat, verstecken die Helden, die er erschaffen hat, ihm den Federhalter.

Rings um die Bucht, im Norden, im Süden, wohnten hinter jedem Fels ein Bruder oder eine Schwester Napoleons.

Der herabgeschmetterte Erzengel fand gerade noch Zeit, seine Kravatte zu lockern: es sah aus, als betete er noch.

Das Pierrotkostüm war aus Perkal, die kurze Hose reichte nicht einmal bis ans Knie. Als ich es auslieh, wollte ein gewisser Sergeant es mir streitig machen. Ich fand Briefe darin, jawohl! Briefe, die ich veröffentlichen werde, wenn der Laden zerstört oder der Sergeant gestorben sein wird.

Am Fußende des Bettes der Spiegelschrank, das ist die Guillotine: man sieht dort unsere beiden sündigen Häupter.

Du irrst dich, mein guter Engel, wozu diese Trost-
worte: ich weinte vor Freude.

Wie die Tinte aus der Flasche spritzt, bildet sie einen
Fleck! das ist kein Frosch, sondern ein kleiner Orchester-
dirigent, der die Rampe andeutet und den unteren
Saum eines weißen Kleides.

Die glauben wohl, unser Herz wäre getrüffelt!

So viele Leute, die mich lieben, erwarten mich an Deck
des Schiffes, aber wie soll ich da hinaufgelangen?

Zwischen den Vorhängen bildet der Fenstersturz eine
Gleitbahn für den Rauch! nein! für die tanzenden
blauen Engel.

Der Zuave, der das vergangene Jahrhundert noch
gekannt hat, sprach zu mir, und in seiner Stimme lag
ein leises Bedauern: »In Algerien fuhren wir im Wagen
spazieren und betrachteten unseren Schnurrbart in
einem Taschenspiegel, aber wenn wir Zigarettenpapier
hervorholten, war es zuweilen blutbeschmiert.«

Das Rückgrat der Welt ist ein Krokodil, ihr könig-
liches Stirnband eine Eisenbahnstrecke. Ihre Zähne
sind Minarette, und ihr Taschentuch ist ein zwanzig-
mal ins Geviert gefaltetes Gewand der Thais.

Die rauchgeschwärzte Platte aus Gußeisen stellt einen
Zweig dar, und unter dem Zweig einen Reiter und

eine Amazone. Ein Hausdiener erwartet die beiden auf einem Hügel. Das ist eine Ofentür! auf dem anderen Flügel das gleiche Sujet, nur daß der Reiter am Boden liegt und der Hausdiener sich entfernt hat.

Vor Tagesanbruch bellt ein Hund, die Engel beginnen zu flüstern.

Der Rauch, der sich in Wellenlinien vor der blauseidenen Wandbespannung mit den aufgeprägten granatroten Samtrosen hinbewegt,   dieser Rauch, das ist die Katze, die vorbeistreicht.

»Wenn ich doch nur«, spricht der Wind, »mit den Bäumen ebenso Kegel spielen könnte, wie ich es mit den Wolken tue und mit allen übrigen Dingen.« Nun, in seiner ohnmächtigen Wut schüttelt er ihren großen grünen Teppich, zerreißt ihn schließlich und wirft die Fetzen gräßlich in den Fluß.

O die seidigen Bivalven! wir sahen einen ganzen Teppich davon: das war wie Pfauenfedern, dort, wo sie ihr Auge haben, hier aber phosphoreszierend im Diamantglanz ihres weißen Elfenbeins; auch das Violett war etwas bleicher.

Das Geheimnis ist in diesem Leben, die Wirklichkeit in dem anderen; wenn ihr mich liebt, wenn ihr mich liebt, will ich euch die Wirklichkeit zeigen.

Der vielen Toten wegen stelle ich mir das Paradies wie

einen Fastnachtstag in Paris vor und die Hölle wie die aufgeregte Menge der Angehörigen in einem Hafen bei stürmischer See.

Dies ist ein Zweig mit drei Blüten: der Zweig ist schneeweiß, die Blüten ebenfalls: die Blüten hängen das Haupt nach unten, der Zweig ebenfalls, das Ganze ist aus Perlen und nirgendswo befestigt. Doch! es ist an einem Band befestigt, an einem Stirnband, das weiß ist und lächelt.

Im Gegenlicht betrachtet oder auch anders, gibt es mich nicht, und doch bin ich ein Baum.

Wenn man einem Zauberer ein Kleidungsstück gibt, kennt er dessen Träger; wenn ich mein Hemd anziehe, weiß ich, was ich gestern gedacht habe.

Im Badezimmer Ihrer Freundin, warum, gnädige Frau, halten Sie Ihren Sonnenschirm aufgespannt? Um die Alte, während sie sich die Hühneraugen schneidet, vor der Sonne zu schützen, die hinter der Badewanne aus weißem Marmor hereinscheint.

»Ich bringe dir meine beiden Söhne«, sprach der alte Akrobat zu der Madonna in der Grotte, die auf der Mandoline spielte. Der jüngste in seinem hübschen kleinen Kostüm fiel auf die Knie; der andere trug, am Ende eines Steckens, einen Fisch.

Frontispiz

Ja, es sank von der rosigen Spitze meiner Brust, und ich habe es nicht bemerkt. Wie ein Schiff aus der Höhlung des Felsens mit seinen Seeleuten ausfährt, ohne daß ein stärkerer Schauder über das Meer hinläuft, ohne daß die Erde dieses neuen Abenteuers gewahr wird, so sank ein neues Gedicht von einer meiner Kybele-Brüste, und ich habe nichts davon bemerkt.

Gedicht des Mondes

Es gibt drei Pilze in der Nacht, die sind der Mond. Ebenso unversehens, wie der Kuckuck einer Uhr schreit, verändern sie allmonatlich um Mitternacht ihre Stellung. Seltene Blumen sind im Garten, das sind kleine liegende Menschen, hundert, das sind Spiegelreflexe. In meinem dunklen Zimmer ist ein leuchtendes Weberschiffchen, das umherfährt, dann zwei . . ., phosphoreszierende Aerostaten, das sind Spiegelreflexe. In meinem Kopf ist eine Biene; die spricht.

Höllennacht

Etwas gräßlich Kaltes fällt mir auf die Schultern. Etwas Klebriges heftet sich an meinen Hals. Vom Himmel kommt eine Stimme; die schreit: »Scheusal!« ohne daß ich wüßte, ob es sich um mich und meine Laster handelt oder ob man mich von anderswo auf das schleimige Wesen aufmerksam macht, das mich umklammert.

Rue Ravignan

»Man badet nicht zweimal in dem gleichen Flusse«, sagte der Philosoph Heraklit. Und doch sind es immer die gleichen, die da des Weges kommen! Um die gleichen Stunden gehen sie froh oder traurig vorbei. Ihr alle, Passanten der Rue Ravignan, ich habe euch nach den Toten der Geschichte benannt. Da kommt Agamemnon! da Madame Hanska! Odysseus ist ein Milchhändler! Patroklus steht am Ende der Straße, während ein Pharao mir ganz nahe ist. Kastor und Pollux sind die Damen im fünften Stock. Dir aber, alter Lumpensammler, dir, der im Zauberlicht des Morgens die noch lebenden Reste aufklaubt, wenn ich meine gute dicke Lampe lösche, dir, den ich nicht kenne, geheimnisvoller und armer Lumpensammler, dir, Lumpensammler, habe ich einen berühmten und edlen Namen verliehen, ich habe dich Dostojewski genannt.

Ungemach mit Pusteln

Der Kopf war nur eine alte kleine Kugel in dem großen weißen Bett. Die flohbraune Federdecke mit ihren säuberlich in den Nähten angesetzten Borten bot sich dem Lampenlicht dar. Die Mutter in dieser weißen Talschlucht lag in der Höhlung großer Dinge, ihr

Gebiß hatte sie herausgenommen; und der Sohn neben dem Nachttisch mit seinen siebzehn Jahren und den Bartstoppeln, die zu rasieren seine Pickel ihn hinderten, verwunderte sich, daß aus diesem alten großen Bett, aus dieser Talschlucht von Bett, aus dieser kleinen zahnlosen Kugel eine so wunderbare und offenkundig geniale Eroberpersönlichkeit wie die seine hervorgehen konnte. Indessen wollte die alte kleine Kugel nicht, daß er die Lampe nahe der weißen Talschlucht verließ. Er hätte in der Tat gut daran getan, sie nicht zu verlassen, denn diese Lampe hat ihn immer gehindert, anderswo zu leben, als er nicht mehr in ihrer Nähe lebte.

Weihnachtsmärchen

Es war einmal ein Architekt oder ein Pferd: es war wohl eher ein Pferd als ein Architekt. Das lebte in Philadelphia, und sie hatten es gefragt: »Kennst du den Dom zu Köln? Baue uns eine Kirche wie den Dom zu Köln!« und weil es den Dom zu Köln nicht kannte, da wurde es ins Gefängnis geworfen. Im Gefängnis aber erschien ihm ein Engel und sprach: »Wolfrang! Wolfrang! was betrübest du dich?« – »Ich muß im Gefängnis bleiben, weil ich den Dom zu Köln nicht kenne.« – »Es fehlt dir nur der Rheinwein, um den Dom zu Köln zu bauen; aber zeige ihnen den Plan, dann werden sie dich freilassen.« Und der Engel gab ihm den Plan, und er zeigte den Plan, da durfte er aus dem Gefängnis heraus; aber niemals gelang es ihm, den Dom zu Köln zu bauen, weil er keinen Rheinwein fand. Da kam er auf den Gedanken, sich Rheinwein nach Philadelphia kommen zu lassen, aber man schickte ihm einen abscheulichen französischen Moselkrätzer, so daß er niemals den Kölner Dom zu Philadelphia erbauen konnte: es wurde nur eine abscheuliche protestantische Kirche daraus.

Der Roman

Es gab immer nur eine einzige bürgerliche Parterre-wohnung in meinem Leben: das waren zwei kleine Fenster zu Quimper, die auf einen kleinen Balkon hin offenstanden. Wenn wir aus der Schule heimkamen, lenkten sie unsere Blicke auf sich. Eines Tages goß man, um sich für einen Streich zu rächen, aus einem Fenster Tinte auf meinen Überzieher. Wie boshaft! diese violetten Perlen! ich griff das schuldige Hand-gelenk und zerrte die Hüfte einer Frau unter einem Frisiermantel heraus. Diese Frau sollte eines Tages die meine werden.

Etwas Kunstkritik

Jakob Claes ist so recht ein Name für einen nieder-ländischen Maler. Werfen wir, wenn es Ihnen recht ist, einen kurzen Blick auf seine Herkunft. Die Mutter des kleinen Jakob bleichte sich das Gesicht mit Essig, wie sie selber gestanden hat, und das erklärt, warum die

Bilder des Meisters wie gelackt aussehen. In Jakobs Heimatdorf war es Brauch, daß am Tage des Heiligen Firstes die Dachdecker sich von den Dächern fallen ließen, ohne die Passanten zu erschlagen; auch waren sie gehalten, vom Trottoir aus Seile um die Schornsteine zu werfen. Diese malerischen Szenen waren gewiß danach angetan, in unserem Maler den Geschmack am Malerischen zu wecken.

Freimütiges Bekenntnis

An der Landstraße, die zum Rennplatz führt, stand ein Bettler, der wie ein Hausknecht aussah. »Haben Sie Mitleid«, sprach er, »ich bin ein Halunke, ich werde das Geld verspielen gehn, das Sie mir geben werden.« Und dieses freimütige Bekenntnis wiederholte er unaufhörlich. Er hatte großen Erfolg, und er verdiente ihn auch.

Im Schatten der Statuen

Ich erinnere mich noch des Großen Kaufhofs, wo ich Angestellter war. Ich erinnere mich, wie mir die Hosenknöpfe durch das Lichtloch gepurzelt sind, und wie ich den Besen nahm, um alles wegzukehren. Ich erinnere mich auch eines chinesischen Kollegen, der rosig und rasiert war; ich wollte eine Neuerung einführen: Tintenfässer aus Glas, die auf einer Glasplatte stünden. Und dann passierte Folgendes: wir standen mit der Firma Fichet in Verbindung, von der wir niedliche Kassetten und Puppen-Geldschränke bezogen. Wir erfuhren, daß ein Sohn Fichet gestorben war, und da ich für belesen galt, wurde ich abkommandiert, wenn auch nicht an der Beerdigung teilzunehmen und dort die Verdienste des Hauses Fichet zu rühmen, so doch die Rede auszuarbeiten, die der Rayonchef der niedlichen Kassetten halten würde. Ich brauchte einen Tag, um mich über die Firma Fichet zu dokumentieren, eine Nacht zur Abfassung der Rede, als ich erfuhr, daß der Herr Fichet, der gestorben war und dem ich die edelsten sozialen und sonstigen Tugenden zuschrieb, da er nur drei Wochen alt geworden war, kaum Zeit gefunden hatte, diese Tugenden ins rechte Licht zu setzen.

Feuilletonroman

Ein Auto also hielt vor dem Hotel in Chartres. Wer in diesem Auto saß und vor diesem Hotel hielt, ob es Toto war, ob es Totel war, das würden Sie nur gar gern wissen, aber Sie werden es nie erfahren ... nie ... Daß viele Pariser nach Chartres fahren, hat den Hoteliers in Chartres manchen Vorteil gebracht; aber den Parisern, die nach Chartres fahren, ist der Umgang mit den Hoteliers in Chartres weniger zum Vorteil ausgeschlagen, und das hat seine Gründe. Ein Hoteldiener nahm die Stiefel des Autobesitzers und putzte sie: diese Stiefel wurden schlecht geputzt, denn die

Überfülle der Autos in den Hotels hinderte das Personal, die nötigen Vorkehrungen für eine ausreichende Schuhpflege zu treffen; sehr zum Glück verhinderte die gleiche Überfülle unseren Helden, zu bemerken, daß seine Stiefel schlecht geputzt waren. Zu welchem Behuf war unser Held nach Chartres gekommen, in diese alte weitbekannte Stadt? Er war gekommen, um einen Arzt zu suchen, weil es deren in Paris nicht genug gibt für all die Krankheiten, die er hatte.

Der Schwan
(Gattung »geistreicher Essay«)

Der Schwan wird in Deutschland, der Heimat Lohengrins, gejagt. Er dient auch als Fabrikmarke für steife Kragen in den Bedürfnisanstalten. Auf den Seen verwechselt man ihn mit den Blumen und schwärmt dann von seiner Gestalt, die wie ein Nachen aussieht; übrigens tötet man ihn mitleidslos, um ihn zum Singen zu bringen. Die Malerei würde den Schwan sehr gerne verwenden, aber wir haben keine Malerei mehr. Wenn er vor dem Sterben noch Zeit findet, sich in eine Frau zu verwandeln, ist sein Fleisch weniger zäh als im gegenteiligen Fall: er wird dann von den Jägern höher geschätzt. Unter dem Namen Eidergans liefert der Schwan die Eiderdaunen für Federbetten. Und das steht ihm sehr gut. Der Name Schwan wird auch hervorragenden Männern mit langen Hälsen beigelegt; so heißt Fénelon der Schwan von Cambrai. Usw...

Als die Trambahn die Brücke von Saint-Cloud über-
quert hatte, zeigte jemand auf einen Laden, dessen
Front mit lauter Glasmalereien versehen ist, und sagte
zu mir: »Da gehen Dinge vor, kann ich Ihnen sagen!«
Und ich erfuhr, was da vorging: ein ehemaliger Schau-
spieler, ein alter ehemaliger Schauspieler, ein ganz
verhutzelter und ruppiger Zwerg, hatte so viele
Feuilletonromane gelesen, daß er zuletzt die Wirk-
lichkeit mit ihnen verwechselte. Er hatte gesehen, daß
man sich minderjährige Kinder verschaffen kann, um
sie an alte Männer zu verkaufen, er hatte es geglaubt
und hatte es getan. Als ich den Laden betrat, saß da
ein kleines blondes Mädchen wie in der Schule auf
einer Bank; arglos bewunderte es eine gräßliche Arme-
leutepuppe. Eine gewisse Alte, die dicke Melanie –
wer hätte je gedacht, daß ein ehemaliger Schauspieler
eine Großmutter hätte, die jünger war als er selbst? –,
eine gewisse alte Vettel bestand darauf, die Puppe,
trotz der Tränen des Kindes, auszuziehen. Vorläufig
sollte ja nur eine Puppe ausgezogen, das heißt, ein
schon lockerer Nagel zu Fall gebracht werden. Der
ehemalige Schauspieler verschaffte sich ausgesetzte
Kinder oder kaufte sie unmittelbar von ihren Erzeu-
gern für die anderen: doch bediente er sich ihrer auch
zu eigenen Zwecken. Das alles ist abscheulich, und
noch abscheulicher ist der Umstand, daß ich bei einem
meiner nahen Freunde die dicke Melanie vorfand, die
mit ihm abrechnete. Man hat mich nicht hineinlassen

wollen: der Herr arbeite; aber ich habe die dicke Melanie gesehen.

Der Schlüssel

Als der Herr von Framboisy aus dem Kriege heimkam, machte sein Frau ihm in der Kirche die heftigsten Vorwürfe; da sprach er: »Madame, hier ist der Schlüssel zu allen meinen Gütern.« Aus Zartgefühl ließ die Dame den Schlüssel auf den Estrich des Gotteshauses fallen. Im Winkel kniete eine Nonne im Gebet, weil sie den ihren verloren hatte, den Schlüssel zum Kloster, und keiner dort hineinkonnte. »Versuchen Sie doch einmal, ob dieser nicht in ihr Schloß paßt.« Aber der Schlüssel war schon nicht mehr da. Er hing bereits im Musée de Cluny: ein riesiger Schlüssel, der die Gestalt eines Baumstumpfs hat.

Die wahren Wunder

Der gute alte Pfarrer! Nachdem er uns verlassen hatte, sahen wir ihn über den See davonfliegen wie eine Fledermaus. Er war so in Gedanken versunken, daß er das Wunder nicht einmal bemerkte. Der Saum seiner Sutane war ein wenig feucht geworden, das schien ihm seltsam.

Das will und will kein Ende nehmen: ich eile, meiner Tante auf Wiedersehen zu sagen, ich finde die ganze Familie unter der Lampe; man hält mich zurück, um mir tausend gute Ratschläge zu erteilen, mein Koffer ist gepackt, aber mein Anzug ist noch in der Färberei, ich betrete den Laden: es fällt mir schwer, meinen Anzug wiederzuerkennen: das ist nicht mein Anzug, man hat ihn vertauscht! nein, er ist es doch, aber gräßlich zerzaust, zerfetzt, verbeult, geflickt, mit schwarzen Rändern. Draußen auf der Straße stehen zwei reizende Bretoninnen bei einem Wäschekarren und lachen: warum habe ich keine Zeit, ihnen nachzugehen; bah! sie gehen den gleichen Weg in der Nacht wie ich. Ich stelle fest, daß die Straßennamen gewechselt haben; da gibt es jetzt, in Lorient, eine Straße der Lyrischen Energie. Ein sonderbarer Gemeinderat, der die Straßen bei Nacht auf solche Namen tauft! Im Hotel fällt mir ein, die Rechnung der Färberei anzuschauen: 325 Franken, wird zugestellt. Fange ich an, verrückt zu werden? Das Café ist voller Neugieriger, ich treffe einen Maler aus Paris! wie mühsam, ihn wieder abzuschütteln. Er schätzt und liebt mich hier, obwohl wir anderswo verzankt sind: ich habe bereits solche Verspätung, daß ich darauf verzichte, ihn zu umarmen, und keine Droschke! Während man mir einen Wagen sucht, flehen einige Jugendfreunde mich an, in Le Mans Station zu machen! nein, nicht in Le Mans, in Nogent! nein, nicht in Nogent, weil wir uns doch so schlecht stehen mit den . . . ach, mein Gott, ich verliere gänzlich den Faden ... Endlich gelingt es mir, eine Zusage von einer Firma für Klaviertransporte zu erhalten. Und der Färber? Mit einemmal trage ich einen seltsamen Anzug, eigentlich recht distinguiert: dieser graue Gehrock, der nur ein wenig zu weit offen steht, der vielen Leibwäsche wegen, die ich anhabe, um meine Koffer zu erleichtern! Dieser Zylinder, was für ein Reisekostüm! Ach! ich habe – wem nur? – vergessen auf Wiedersehen zu sagen. Und der Färber? Ich habe die Abfahrtszeit des Zuges verstreichen lassen, des einzigen Zuges: werde morgen mit allem von vorne beginnen müssen! werde die ganze Nacht keinen Schlaf finden!

Noch einmal der Feuilletonroman

Robert verläuft sich in diesem Park; er begegnet den Schloßbesitzern: gerne würde er ihrer freundlichen Einladung Folge leisten, aber man erwartet ihn anderswo; in Wahrheit erwartet ihn niemand. Er ist erstaunt, seinen Vater unter den Einwohnern von Chartres zu treffen.
Robert heißt eher Hippolyt. Er wäre nach der letzten Mode gekleidet gewesen, wenn es eine letzte Mode gegeben hätte, aber es gibt keine letzte Mode; er war also gekleidet wie alle Welt, das heißt schlecht. Robert wäre imstande gewesen, achthundert Kilometer im Auto zurückzulegen, um dem Freund seiner Freunde zu sagen: »Ich soll Ihnen freundliche Grüße aus-

richten von Herrn Soundso.« Denn Robert war ein guter Mensch, aber er hatte keinen Freund.

Robert ließ sich am Tisch nieder und aß, wie er schon lange nicht mehr gegessen hatte, das heißt, er aß wenig, denn sonst aß er viel. Habe ich gesagt, daß er gut aß? Nun, in der Regel aß er schlecht, aber das war ihm gleichgültig. Robert tat nichts, um keine Zeit mit Arbeiten zu verlieren; vielleicht verlor er sie auf andere Weise. Wenn er eine Aufgabe gehabt hätte, hätte er sie nicht erfüllen können; also nahm er keine auf sich. Robert tat nichts, was immer noch besser ist, als etwas schlecht zu tun, und dies hinderte ihn nicht, Schlechtes zu tun. Aber lassen wir Robert in Chartres.

Literarische Sitten

Ein Händler aus Havanna hatte mir eine Zigarre mit goldener Bauchbinde geschickt, die schon leicht angeraucht war. Bei Tisch behaupteten die Dichter, das habe er getan, um sich über mich lustig zu machen, doch der alte Chinese, dessen Gäste wir waren, sagte, dies sei in Havanna so der Brauch, wenn man jemand eine große Ehre erweisen wollte. Ich zeigte zwei herrliche Gedichte vor, die ein befreundeter Gelehrter mir aufs Papier übersetzt hatte, weil ich sie in seiner mündlichen Übersetzung bewundert hatte. Die Dichter sagten, diese Gedichte seien erzbekannt und taugten nichts. Der alte Chinese sagte, sie könnten sie gar nicht kennen, da sie nur in einem einzigen handschriftlichen Exemplar überliefert wären und außerdem in Pehlewi, einer Sprache, die sie nicht verstünden. Da brachen die Dichter in ein lärmendes Gelächter aus, wie Kinder, und der alte Chinese sah uns traurig an.

Die Lage der Hausmädchen in Mexiko

Die Untersuchung über die Lage der Hausmädchen in Mexiko, welche der *Mercure de France* zur allgemeinen Befriedigung der Gebildeten eingeleitet hat, beansprucht das Interesse der gesamten Presse der Menschheit. Die illustrierte Beilage des *Petit Parisien* zeigt die berüchtigte Marie T. . . im Hemd, auf ihrer Dachkammer, wie sie mit ihren beiden weißen Armen eine letzte Anstrengung unternimmt, um den Augen ihrer Dienstherrin einen Haufen Haushaltsgegenstände zu entziehen, den ein schmutziges Betttuch nur notdürftig verbirgt. Der Untersuchung des *Mercure de France* stellt das *Journal des Gens de Maison* eine Untersuchung über die Brotgeber der Hausangestellten entgegen, und auch da kommt denn so manches an den Tag! Einer gewissen Amelie B. . . war es gelungen, bei einem Ehepaar M. . . einen ihrer arbeitslosen bleichsüchtigen Vettern in einem Renaissanceschrank versteckt zu halten. Der Vetter wurde regelmäßig von einem Arzt besucht, er war sogar recht anspruchsvoll und beschwerte sich, daß es in dem Haus zu laut herginge, daß gewisse Pokerpartien ihn um den Schlaf brächten. Frau M. . ., der dieser Schrank als Aufbewahrungsort für gewisse unerlaubte Einkünfte dient, sah sich genötigt, die Gegenwart eines Fremden zu dulden. Für Herrn M. . . ist die Anwesenheit des arbeitslosen bleichsüchtigen Vetters in dem Renaissanceschrank kein Geheimnis, aber, während seine Würde ihn hindert, Ameliens Vetter eine bequemere Unterkunft anzubieten, verwehrt die Liebe, die er, wie es heißt, für sie empfindet, ihm, den jungen Mann aus seinem Aufenthalt zu vertreiben.

Der Redakteur des *Journal des Gens de Maison* erkühnt sich, als Schriftsteller und aus der Fülle seiner Einfälle schöpfend, mit dem *Mercure de France* zu wetteifern. Sehr passend setzt er hinzu: »Wir hängen weder von dem ab, wovon wir nicht abzuhängen scheinen, noch von dem, wovon wir abhängen möchten, noch von dem, wovon abzuhängen wir uns sträuben und wovon wir dennoch abzuhängen scheinen, sondern wir hängen von uns selber ab; noch mehr allerdings«, fährt er fort, »hängen wir von dem ab, wovon wir überhaupt nicht abzuhängen scheinen.« Womit denn die Frage der Hausmädchen in Mexiko ihre Lösung gefunden hätte.

Die Presse

Zaghaft trat ich ein: da stand ein Vogel Strauß, der seine Federn verlor, und auf einem Sockel aus weißem Stuck ein Bronzevogel, an dem eine Serie eingravierter Muscheln das Gefieder vorstellen sollte. Dann, sobald das Vestibül sich aufgetan hatte, erschien Monsieur Abel Hermant oder jemand, der Monsieur Abel

Hermant ähnlich sah. »Ach! junger Mann«, sagte er, »Sie kommen der zehn Groschen wegen!« Erst später erfuhr ich, daß man jedem, der sich dort einstellte, zehn Groschen gab. Bei den Worten »zehn Groschen« ließ der Strauß eine Feder fallen, und der Bronzevogel lupfte die Flügel. Im übrigen war das Vestibül öde und verstaubt, man hob dort Nadeln in Eisenkästen auf, die mit den Bildnissen großer Männer bemalt waren: Cuvier, Buffon etc. »Ach, junger Mann«, wiederholte Monsieur Abel Hermant oder der Jemand, der ihm ähnlich sah, »Sie kommen der zehn Groschen wegen!« Und die Vögel vollführten abermals die gleichen Bewegungen. »Nein, Monsieur! es handelt sich um eine freiwillige Spende!« Mein künftiger Gewissensrat lieh mir weiter kein Ohr: »freiwillige Spende« hatte ihn erbaut, er kehrte mir den Rücken zu. Der Strauß setzte seinen Gendarmenhut auf und betrachtete mich mit besorgter Neugier. Der Bronzevogel war mehr denn je aus Bronze.

Rings um die Bibel

Nachdem die Fische des Baches Kidron, wider das Verbot des Ewigen, das Bett des Baches hatten desinfizieren lassen, starben sie. Die Kurtisane, die neben dem nicht mehr benützten Bach lebt, hat dessen Bett zu dem ihrigen gemacht, aber, sie hat, wider das Verbot des Ewigen, Fisch gegessen, und da der Fisch desinfiziert war, ist sie daran gestorben.

Kinematograph

Eine Familie von Provinzlern in einer Droschke: gro-
ßes Erstaunen, daß die beiden Dienstmädchen unter
dem Verdeck sitzen, man setzt sie zunächst auf den
Bock, dann auf die Trittbretter, wo sie einschlafen.
Unterdessen sind zwei Einbrecher in den Wagen ge-
klettert und stellen dort allerlei Unfug an. Sie setzen
allen diesen Schlafenden Ohren aus Pappkarton an,
und anderntags in der Frühe werden der Herr und
die Dame und die Dienstmädchen sich nicht wieder-
erkennen.

Das Opfer Abrahams

Zur Zeit einer Hungersnot in Irland sprach ein Lieb-
haber voller Glut zu einer Witwe: »Gewähre mir ein
Schnitzel, mein Goldherz!« – »Nein«, sagte die Witwe,
»ich möchte diesen Leib nicht verunstalten, den zu
bewundern Sie die Gewogenheit haben!« Aber sie
ließ ihr Kind herbeikommen und schnitt ihm ein
schönes blutendes Stück aus den Rippen. Ob das Kind
eine Narbe davon behielt? ich weiß nicht. Jedenfalls
stieß es ein biblisches Geheul aus, als man ihm das
Schnitzel herausschnitt.

Die neapolitanische Bettlerin

Als ich in Neapel wohnte, gab es da an dem Tor
meines Palazzo eine Bettlerin, der ich, ehe ich in den

Wagen stieg, einige Münzen zuwarf. Eines Tages wunderte ich mich, daß nie eine Danksagung erfolgte: ich sah näher hin. Und als ich näher hinsah, sah ich, daß das, was ich für eine Bettlerin gehalten hatte, ein grünangestrichener Holzkasten war, der etwas rötliche Erde enthielt und einige halbverfaulte Bananen...

Zweiter Teil

Kleines Gedicht

Ich entsinne mich meines Kinderzimmers. Die Musse-
linvorhänge am Fenster waren mit verschlungenen
weißen Borten besetzt, und ich versuchte darin die
Buchstaben des Alphabets wiederzufinden. Wenn ich
die Buchstaben erwischt hatte, verwandelte ich sie in
Zeichnungen, die ich mir ausdachte: H, ein Mann auf
einem Stuhl; B, ein Brückenbogen über einem Fluß.
In dem Zimmer standen mehrere Truhen, und offene
Blüten waren leicht in das Holz geschnitzt. Meine
Vorliebe aber galt zwei Pfeilerkugeln, die man hin-
ter den Vorhängen gewahrte; ich hielt sie für die
Köpfe von Kasperlfiguren, mit denen zu spielen
verboten war.

Der Zentaur

Ja! ich habe den Zentauren getroffen! es war auf einer
Landstraße der Bretagne: die runden Bäume standen
über die Böschungen verstreut. Sein Fell ist von der
Farbe des Milchkaffees; seine Augen blicken lüstern,
und seine Kruppe ist eher der Schwanz einer Schlange
als ein Pferdeleib. Ich war allzu betroffen, um ein
Gespräch mit ihm anzuknüpfen, und meine Angehö-
rigen sahen uns aus der Ferne, sie waren noch er-
schrockener als ich selbst. Sonne! auf welche Wunder
und Geheimnisse scheinst du hernieder!

Es gibt keinen Kammerdiener
für einen großen Herrn

Auf einer Wiese, unter den Bäumen, sitzt der König in einem tuchenen Weiberrock, während man ein Festmahl aus Langusten bereitet. Seine Haushälterin, Madame Casimir, die natürliche Tochter eines großen Herrn und von großen Manieren, begrüßt ihn auf ihre Manier, mit ihrem Buckel und ihren achtzig Jahren. »Na, wie gehts, Madame Casimir?« – »O, Majestät wissen ja«, antwortet die alte Pariserin, »wenn unsereins seine zehn Groschen kriegt, dann wird man gleich wieder jung.« Das Langustenessen war großartig: man stieg durchs Dach ein, man plauderte und ließ dabei die Beine aus den Speicherluken baumeln, und einige Bratpfannen fingen Feuer.

Kaleidoskop

Alles sah wie ein Mosaik aus: die Tiere gingen mit himmelwärts gereckten Pfoten, außer dem Esel, dessen weißer Bauch mit Wörtern beschrieben war, die sich veränderten. Der Turm war ein Opernglas; es gab da goldene Wandteppiche mit schwarzen Kühen drauf; und bei der kleinen Prinzessin im schwarzen Kleid wußte man nicht, ob sie grüne Sonnen auf ihrem Kleid trug oder ob das ihre Haut war, die man durch zerlöcherte Lumpen sah.

Irrtümer der Erbarmung

Eher gehe ich mit ihm ins Gefängnis, damit er nicht entrinnt! Also geschah's! Wir sind in einem dicken Turm. Eines Nachts im Schlaf hob ich den Arm, wie um ihn festzuhalten, da berührte ich gerade noch einen weißen Fuß, der nach oben verschwand, und seither sitze ich allein im Turm. Draußen stehen die Bauern auf hohen Heuwagen, und ihre Augen am Fenster betrachten mich mit Erbarmen.

Das

Alles war niedrig! alles war mit schweren Stoffen ausgeschlagen, alles war warm. Ich lag auf die Kissen des Divans gestreckt und träumte vor mich hin: er saß und schrieb an seinem niedrigen schweren Tisch. Da mit einemmale erschien die Göttin zwischen uns, der grüne Helm der durchsichtigen Göttin. Und dort blieb sie, solange bis der Diener eintrat, der, leider! seinen Geruch mitbrachte.

Sie kehren nicht zurück

Wann kehren die Totengräber zu Opheliens Grab zurück? Ophelia ist noch nicht in ihrem unsterblichen Grab; da hinein wird man die Totengräber betten, wenn das weiße Roß es will. Und das weiße Roß? Es kommt alle Tage und grast unter den Kieseln. Es ist das weiße Roß von der Herberge zum weißen Roß bei dem Grab. Es hat sechsunddreißig Rippen. Das Grab ist ein offenes Fenster auf das Mysterium.

Ist die Sonne ein Heidenkind?

Neben dem Kirchenportal, wo der Weinstock ausgehauen ist und der weidende Hirsch, stand einer und sägte das Holz klein. Jedesmal, wenn er ein Scheit heruntergesägt hatte, warf er es in den Sonnenstrahl, und der Sonnenstrahl als Widerpart warf ihm das Scheit zurück. Der Kampf nahm eine solche Geschwindigkeit an, daß der Mann mit der Säge sich aufrichtete und sprach: »Ich kann nicht mehr!« Er zog seinen Rock an und ging in die Kirche. Die Sonne folgte ihm, so weit sie konnte, mit einer langen Peitsche, aber die Sonne ist ein Heidenkind, dem das Betreten des Kirchenschiffs verwehrt ist.

Einer meiner Tage

Wollte Wasser holen an der Pumpe in zwei blauen Töpfen, wurde schwindelig der hohen Leiter wegen; bin umgekehrt, weil ich einen Topf zuviel hatte, und bin nicht wieder zur Pumpe gegangen, des Schwindels wegen; bin ausgegangen, um ein Tablett für meine Lampe zu kaufen, weil sie das Petroleum ausrinnen läßt; fand keine anderen Tabletts als Teetabletts, alle viereckig und für Lampen kaum zu gebrauchen; bin ohne Tablett aus dem Laden gegangen. Habe den Weg zur Stadtbibliothek eingeschlagen und bemerkte unterwegs, daß ich zwei Kragen anhatte und keine Kravatte; bin nach Hause zurückgekehrt; habe Vildrac aufgesucht, um ihn um eine Zeitschrift zu bitten; habe die Zeitschrift nicht mitgenommen, weil M. Jules Romain mich darin heruntermacht. Habe nicht geschlafen, eines Gewissensbisses wegen, der Gewissensbisse und der Verzweiflung wegen.

Seelenwanderung

Hier Finsternis und Schweigen! die Blutlachen sind wie Wolken gestaltet. Blaubarts sieben Frauen sind nicht mehr im Wandschrank. Nichts blieb von ihnen als diese Flügelhaube aus Organdi! Dort in der Ferne aber! fern auf dem Meer! siehst du die sieben Galeeren? sieben Galeeren: ihr Tauwerk hängt aus dem Mastkorb ins Meer, wie Zöpfe über die Schultern von Frauen. Sie kommen! sie nähern sich! sie sind da!

Der Bibliophile

Der Einband eines Buches ist ein goldenes Gitter, hinter dessen Stäben tausendfarbige Kakadus gefangen sind, ferner Schiffe, deren Segel aus Briefmarken sind, und Sultansfrauen, die ganze Paradiese auf dem Kopf tragen, um zu zeigen, daß sie sehr reich sind. In dem Buch selber sind Heroinen gefangen, die sehr arm sind, ferner Dampfschiffe, die sehr schwarz sind, und arme graue Spatzen. Der Verfasser ist ein Kopf, den eine hohe weiße Mauer gefangen hält (womit ich auf seine gestärkte Hemdbrust anspiele).

Morgen- oder Abenddämmerung

Das Licht kommt aus der Beuge der so weißen Wölbung, das Licht kommt von gegenüber, die Treppe führt dem Licht gegenüber herab, aber man sieht sie nicht! nein! niemals wird man sie sehen! man wird nur meinen Rücken vor der Kante einer Stufe, nur meinen Rücken vor der Kante des Treppenabsatzes sehen. Man wird die Mauern nicht sehen, die noch in der Nacht sind; man wird nur die Menschen sehen, die noch in den Nischen sind. Der erste ist in Dunkel gehüllt; er ist in die Nacht gehüllt; den zweiten habe ich nicht gesehen, kaum daß ich ihn ahnte; der dritte stieg herab, er kam bis zu mir, kein anderer hat sich gerührt. Der herabgestiegen ist, trägt eine karierte Hose, die Haare reichen ihm bis in die Brauen und seine Haare sind schwarz, er hält eine Hand auf seiner Backe, weil er mulschige Backen hat. Er sieht belanglos aus, und er ist in seine Nacht, in seine Nische zurückgestiegen. Das Licht kommt aus der Beuge der so weißen Wölbung, mir gegenüber, mir gegenüber. Und ich habe begriffen, daß diese Menschen, die meiner künftigen Bücher waren.

In einem Land, wo die Versteigerungen von Bildern in einem Hof stattfanden, standen die Rahmen an der Erde und mehr als dreihundert Fenster, die ihre Besitzer vermietet hatten, waren voller Schlächter. Wie zu einer Hinrichtung war man gekommen, um die Kunst und das Glück töten zu sehen. Mehrere Schlächter in den Fenstern hatten Operngläser mitgebracht.

Meli-Melo

Der japanische General nimmt eine Parade der europäischen Armeen ab. Seine Hose ist so lang, daß sie in Korkzieherfalten auf seinen Schuhen steht. Inmitten der Armeen steht ein Bischof im Spitzenchorhemd vor einem Küchentisch. Der Bischof ist feist, er hat ein paar Borsten am Kinn und wässerige Augen. Der Japaner möchte den Bischof gern in Grund und Boden verfluchen, doch er bemerkt, daß er ihm schon einmal in Gesellschaft begegnet ist; er schaut ihn an, grüßt und geht vorüber.

Kosmogonie

Gott durch eine Tonne (es gibt einen Gott) betrachtet die Erde! sie erscheint ihm wie ein paar faule Zähne. Mein Auge ist Gott! mein Auge ist Gott! Die faulen Zähne haben jeder ein unendlich winziges Korn, durch das sie sich unterscheiden. Mein Herz ist Gottes Tonne! mein Herz ist die Tonne! die Welt für mich ist wie für Gott.

Mein Leben

Die zu erobernde Stadt ist in einem Zimmer. Die feindliche Beute ist nicht schwer, und der Feind wird sie nicht forttragen, da er kein Geld braucht, weil dies eine Geschichte und nichts als eine Geschichte ist. Die Stadt hat Befestigungswälle aus bemaltem Holz: wir schneiden sie aus, um sie auf unser Buch zu kleben. Es hat zwei Kapitel oder Teile. Schau: ein roter König mit einer goldenen Krone, der auf eine Säge steigt: das ist Kapitel II; an Kapitel I kann ich mich nicht mehr erinnern.

Tapetenpapier

Die Decke der Hölle ist mit großen goldenen Nägeln befestigt. Darüber ist die Erde. Die Hölle besteht aus großen gewundenen Leuchtfontänen. Die Erde ist leicht abschüssig: ein kahlgemähtes Kornfeld und ein kleiner Himmel aus Zwiebelschalen, an dem eine Horde wütender Zwerge vorbeirast. Zu beiden Seiten ein Fichtenwald und ein paar Aloestauden. Fräulein Suzanne, Sie sind vor das Revolutionstribunal geladen, weil Sie unter Ihren schwarzen Haaren ein weißes entdeckt haben.

Wir trennten uns, meine älteren Brüder und ich, nahe den Gräben. »Da! nimm das Messer!«
Nun waren wir unter den Fichten; alles war Gras und Blumen. »Gib acht, daß du nicht ins Wasser fällst!«
Manchmal trat man näher, mit einer Pflanze in der Hand. »Schau, rosiger Schierling!«
Als es jedoch zu Hause einen Topf zu finden galt, um die Ernte hineinzustellen, sah alles anders aus.
Der Marineoffizier schlief in seinem Bett, mit dem Rücken zur Tür.
Die Kusine besorgte den Haushalt, die Bettücher hingen über den Stühlen. Meine Schwestern sangen unterm Dach, und ich blieb wie ein kleines Kind, mit meinen Blumen in Händen, auf den Stufen der Treppe, die sich ins Unabsehbare verliert.

Anspielung auf eine Zirkusszene

Grüner Dorn! grüner Dorn! die Marquise ist ein Cowboy; die Säulen der Pinien gleichen Ruinen. Alle Vögel des Himmels (es gibt keinen Himmel) fliegen meerwärts auf ihren Musketierhut. Und dies geschah in Neu-England! Ein zu gut angezogener junger blonder Mann im Jägerrock klagt, daß er seit sechzehn Stunden nichts gegessen habe. Die Marquise wird ihm die kleinen Inselvögel nicht geben: sie wird ihn in eine Grotte führen, wo er seine Stiefel ausziehen kann.

Höhere Degenereszenz

Der Ballon steigt, er glänzt und trägt einen noch glän-
zenderen Punkt. Weder die schräge Sonne, die einen
Blitz wirft, wie ein böses Ungeheuer einen verhext,
noch die Schreie der Menge, nichts wird ihn hindern,
höher und höher zu steigen! nein! der Himmel und
er sind nur eine einzige Seele: nur ihm tut sich der
Himmel auf. Aber, o Ballon, gib wohl acht! Schatten
taumeln in deiner Gondel, o unglückseliger Ballon!
die Luftschiffer sind betrunken.

Mysterium des Himmels

Als ich vom Ball nach Hause kam, setzte ich mich ans
Fenster und betrachtete den Himmel: die Wolken,
dünkt mich, waren riesige Häupter alter Männer, die
um einen Tisch saßen, und man brachte ihnen einen
weißen Vogel im Schmuck seines Gefieders. Ein breiter
Strom floß durch den Himmel. Einer der Alten
senkte die Augen zu mir, schon schickte er sich an, zu
mir zu sprechen, als der Zauber zerstob und man nur
noch die reinen schimmernden Gestirne sah.

Schweigen in der Natur

Wenn wir zwischen den bewaldeten Hügeln von
Finistère auf die Vogeljagd gingen, mein Hund und
ich, vertrieb Rastaud sich die Zeit auf den Straßen

damit, daß er meine Schritte in Achtern umkreise; je schneller ich ging, desto mehr vergnügte ihn dies, und ganz närrisch vor Freude war er, wenn ich lief. Er war ein Foxterrier, er hatte einen schwarzen Fleck am linken Ohr und einen anderen auf dem Schwanz.

Pierrot
hat keinen Anspruch auf ein Standbild

Die beiden Tempel stehen sich gegenüber in der viel zu engen Straße: ein Ineinander von dicken Säulen, Gittern und Fliesen, dorischen Dächern. Wie war man ausgerechnet auf diesen eingezwängten Vorstadtwinkel verfallen, um dort die Kavalkade abzuhalten? Bärtige Griechen in roten Gewändern fächelten sich auf den Stufen mit goldenen Fächern, und Pierrot in Schwarz, mit dem blauen Band des Ordens vom Heiligen Geist geschmückt, steht wie ein Mignon Heinrichs III. am Fuß eines Portikus: er sieht die Straße dicht voller Sockel und Statuen, und fragt sich, ob da nicht auch ein leeres Piedestal für sein Standbild übrig ist.

Literatur und Poesie

Es war in der Umgebung von Lorient, hell schien die Sonne, wir gingen spazieren und sahen, wie an solchen Septembertagen das Meer steigt und steigt, bis es die Wälder, die Felder, die Klippen überwältigt. Bald blieben nur noch, um gegen das blaue Meer anzukommen, die gewundenen Pfade unter den Bäumen, und die Familien schlossen sich enger zusammen. Unter uns war ein Knabe, der einen Matrosenanzug trug. Er war traurig; er faßte mich an der Hand. »Monsieur«, sagte er, »ich war in Neapel; in Neapel, müssen Sie wissen, gibt es viele kleine Straßen; auf diesen Straßen kann man ganz allein bleiben, ohne daß einen jemand sieht: nicht weil in Neapel viele Leute leben, sondern weil es so viele kleine Straßen gibt, daß auf jede Person immer nur eine Straße kommt.« – »Was der Kleine Ihnen da wieder vorlügt«, sagte der Vater zu mir, »er ist niemals in Neapel gewesen.« – »Monsieur, Ihr Sohn ist ein Dichter.« – »Vortrefflich, aber wenn er nur ein Literat ist, drehe ich ihm den Hals um!« Die gewundenen Pfade, die das Meer trocken gelassen hatte, waren ihm wie Straßen in Neapel vorgekommen.

So vergnügen wir Armen uns

Von hier aus hört man das Orchester nur noch wie ein Zirpen von Grillen im Gras. Trotz der hölzernen Brüstung ist dies keine Stierkampfarena. Das Amphitheater ist verglast; es sieht aus wie eine Schreinerwerkstatt, wenn man von der Straße hineinschaut. Die Demokratie ist unter Glas. »Beugen Sie sich doch etwas vor, Sie da, Fräulein ohne Hut, wenn die Schauspieler ganz vorne links an die Rampe kommen, dann sehen Sie ihre braunen Wämser wie zwei Wanzen

am Fußende Ihres Bettes.« So über die Festungs-
mauern längs der Städte, so beugen sie sich vor, alle,
die an Abgründen wandeln: Abgründen des Todes,
des Elends, der Schande.

Weibliches Urteil

Dante und Virgil in der Unterwelt inspizierten ein
funkelnagelneues Faß. Dante ging um das Faß herum.
Virgil stand in Gedanken. Es war aber nur ein Faß
mit sauren Heringen. Eva, schön wie immer, wohnt
an jener Stätte, von Verzweiflung gebeugt, obwohl
sie zum Trost für ihre Nacktheit einen Heiligen-
schein trägt. Eva hielt sich die Nase zu und erklärte:
»Oh! das stinkt aber!« Worauf sie sich entfernte.

Letzte schmerzliche Anrufung
der begeisternden Geister der Vergangenheit

Ich bin in der Nähe eines Hippodroms geboren, wo
ich Pferde unter Bäumen laufen sah. Oh! meine Bäu-
me! oh! meine Pferde! denn dies alles war für mich.
Ich bin bei einem Hippodrom geboren! meine Kind-
heit hat meinen Namen in die Rinde der Kastanien
und der Buchen gegraben! ach! meine Bäume sind nur
noch die weißen Federn des Vogels, der »Léon! Léon!«
schreit. Oh! undeutliche Erinnerungen an die gewal-
tigen Kastanien, in die ich als Kind den Namen mei-
nes Großvaters schnitt! Undeutliche Erinnerungen an

die Rennen! Jockeis! die sind nur noch armseliges Spielzeug, als ob man sie aus großer Entfernung sähe! die Pferde haben keinen Adel mehr, und meine Jokkeis tragen schwarze Mützen. Hopp! kreiselt! kreiselt! alte gefangene Gedanken, die sich niemals zum Flug erheben werden! das Symbol, das zu euch paßt, ist nicht der elastische Galopp der Jockeis im Grünen, sondern irgendein staubiges Basrelief, das meinem Schmerz die herbstlichen Kastanien verbirgt, auf denen der Name meines Großvaters zu lesen stünde.

Philosophischer Rückblick auf das, was nicht mehr ist

Ist die Jugend vorbei, kann man noch Freuden genießen, nur der Rausch, nur die Trunkenheit kehren nicht wieder. Die Löcher in den Socken verbergen, die einen durch die andern! Angst haben, man könnte den Zug versäumen! gerade genug Geld für seine Reise haben, und im letzten Augenblick verdoppelt ein Bruder, der noch im Bett liegt, den Betrag! Vielleicht kommen Rausch und Trunkenheit daher, daß Unruhe und Unentschlossenheit beklemmender sind, wenn alles noch im Dunkeln ist. Erwartet mich nicht ein Liebesabenteuer in Nantes? Wer Liebe sagt, sagt auch Pistole, und ich hatte keine Pistole. Die beiden größten Überraschungen auf dieser Reise waren, daß ein Schuster mich an der Ähnlichkeit mit einer alten Verwandten erkannte, und die Lobeserhebungen, mit denen er diese Person bedachte, deren Leben mir gänzlich inhaltslos erschien. Die jungen Leute nehmen alles ernst, obgleich sie es nicht verstehen, dem, was sie nehmen, ihren Ernst mitzuteilen. Weißgott, nur maßlose Gefühle stopfen sie in alles hinein.

Das moderne Grauen

Das war nicht mehr als eine neapolitanische Weihnachtskrippe. Das Licht fiel auf den Mantel einer Puppe mit einem Fuchskopf unter einer Polizeimütze. Herablassend stellte dieser Fuchs Ödipus eine Frage. »Sie antworten ja nicht, Ödipus?« – »Haben Sie mich dafür bezahlt?«

Ein bißchen unvorhergesehene, doch nicht unvorhersehbare Theosophie

Die Befestigungswerke sind weißer und entfernter. Die Tore sind nicht mehr zu erkennen. Dies ist die Stunde, um an mein totes Kind zu denken. Geschieden, wiederverheiratet, bin ich Witwer, und ich meditiere. O köstliches Antlitz meiner ersten Frau! blond war sie, und sie hatte den unbefangenen Blick der Menschen, die nicht gelitten haben.
O Engelsangesicht unseres Kindes: das tote Kind! An wieviel Abenden sah ich das Begräbnis des Kindes wieder vor mir: alle Laster gingen hinter dem Leichenwagen: die des Bauches, die der Stirne, die der Schenkel, der Füße. In dem Zuge waren auch Einarmige, Hinkende, Leute auf Krücken und Blinde.

Beweint eure verstorbenen Frauen! beweint euer schönes totes Kind! geringer wäre der Schmerz, mit dem ihr sie beweint, wenn im Trauerkondukt nicht auch noch die Wasserspeier von Notre-Dame mit zum Friedhof gegangen wären.

Dritter Teil

Der Hirsch ist die Seele

Nicht das Ferkel, nicht der Greif sind noch im Hof des Pächters, da steht der Hirsch. Überall spürt man das Gebirge: sogar in diesem Innenraum so rund wie die Tafelrunde. Eine Dienerin präsentiert mir Bücher und Silbermünzen so rund wie der Tisch. Die Prinzessin ist nicht von ihrem Spaziergang zurückgekehrt, von ihrem Spaziergang zwischen Stechginster und grauen Felsen. Da ist sie! Soll ich ihr diesen Stuhl ohne Rücklehne abtreten? Sie kann sich in den Sessel setzen, doch die Höflichkeit fordert, daß ich mich erhebe, auf daß sie wählen könne. Draußen der Hirsch! nicht das Ferkel mehr und nicht mehr der Greif, da steht der Hirsch. Der Hirsch ist die Seele.

Mond-Wissenschaft

Auf einem Zeh: ein Hühnerauge! Jeden Morgen schneiden Sie es: wissen Sie auch, daß seine Wurzeln aus der Unendlichkeit kommen? Wenn ich sie Ihnen zeigte . . . wenn ich Ihnen diese Kette aus weißem Marmor und Korallen zeigte! . . . sie liegt am Grunde des Ozeans und einer ihrer Ausläufer erstreckt sich bis in das Hühnerauge auf einem Zeh.

Die Hölle

Die Hölle möge mir vergeben, daß ich es ihr gegen-
über an Respekt fehlen lasse! Sie gleicht einer Zeich-
nung von Victor Hugo: Die Zollschranke vom Clichy
1870. Eine Wallmauer mit der Pfandhausfahne, ein
Wachtposten und hinter der Wallmauer Zitadellen
mit tausend hellen Fenstern in der Nacht. Im Vorder-
grund eine nackte Frau mit ihrem großen weißen
Leib; sie sagt: »Hände weg von der kleinen Muschel;
die ist heute malade.« Da lohnt es sich gar nicht, daß
man sündigen wollte.

Notturno

In jener Nacht floß die Seine in London.
Vor dem Justizpalast versuchte ein Zylinderhut im
Mondschein die Zeitung zu lesen. Eine kleine Prosti-
tuierte unterbrach ihn mitten in dem schönsten Ver-
brechen, sie hieß Ida: sie war häßlich, blond, usw.

Nächstenliebe

Als Angestellter trat ich meinen Platz am Feuer an
einen Kollegen ab, aus Nächstenliebe. Er gestand mir,
daß er das Feuer nicht liebe, daß er den Platz jedoch
aus Nächstenliebe angenommen hätte, weil er des
Glaubens war, ich liebte das Feuer nicht.

Von einem Zimmer zum andern geht die Mutter ihr nach, ein anmutiger schwarzer Tüllschleier umrahmt ihr Gesicht, und zur Antwort kehrt ihr die Tochter den Rücken zu, wie einst, als sie noch lebte.

»Zwei Ärzte hatten den Tod festgestellt«, sagte der Bruder, »und eine ganze Stadt gab ihr das Geleite bis auf den Friedhof.« – »Du träumst«, sagte die Schwester. Doch die Mutter setzte sich an den Tisch: »Ich habe euch so sehr geliebt.«

»Sag, meine Mutter, sag, wo du bist, seit du nicht mehr bei uns bist.« – »Zuerst war ich in einer Ebene und in einem kleinen Krankenwagen; in einem spanischen Jesuitenkloster seit euren Gebeten und eurer Messe. Auf Erden war ich glücklicher.«

»Sag, meine Mutter, wirst du bald mit uns ausgehen?« Die Mutter senkt den Kopf; sie spricht noch: »Ermahnt die jungen Leute zum häufigen Empfang des Abendmahls.« Sie will weitersprechen, sie steht vor der Anrichte des Eßzimmers, aber langsam verschwindet ihr Körper, ihr Kopf entschwebt gegen die Decke, man sieht nur noch den oberen Teil ihrer armen Brust. Lebt wohl! Lebt wohl!

Die Hölle

Ein Bäumchen in einem Holzkasten. Das Bäumchen ist mit Nelken, Ranunkeln, Schmetterlingen bedeckt, und die Sonne scheint durch seine Zweige. Dieses

Arrangement ist ein Werk des Fürsten, es heißt Maibaum, und ganz Paris zieht daran vorbei. Der Fürst läßt seine Strümpfe aus seltenem Gewebe, seine Halbschuhe sehen. Jeder weiß, woher das Geld stammt, das für dieses Schauspiel ausgegeben wurde. Der Fürst war sehr überrascht über den Traum, den er in der darauffolgenden Nacht hatte: eine Art kochender Klosetteimer stand auf dem Feuer, man hörte das siedende Öl zischen; darin wurde eine Ratte gesotten, die dem Fürsten glich.

Klopfet an,
so wird euch aufgetan

I

Seit ich den großen goldenen Saal am Grunde des Brunnens gesehen habe, habe ich keinen anderen Wunsch, als ihn wiederzusehen. Ach! welch eine Reise! Dieser Brunnen ist eine lange Mauer, ein langes unterirdisches Gemäuer; überall sind Nägel, Haken; sie dienen bisweilen als Sprossen! Manchmal verbrennt man sich die Hände an Brennesselsträuchern. Manchmal sticht man sich dort an brennenden Dornen. Ich brauche den ganzen Tag, um auf den Grund des Brunnens zu gelangen, und anderntags in der Frühe finde ich mich oben wieder: und es beginnt der gleiche Abstieg! Aber ich kenne kein Zaudern: so schön ist der große goldene Saal am Grunde des Brunnens!

Wenn man rückwärts ginge . . . und immer weiter rückwärts und bei jedem Myriameter sagte: »Das zählt noch nicht!« würde man zuletzt auf Gott stoßen. Nach einer solchen Wanderung voll Gleichmut dürfte man reglos bleiben, und Gott würde den Flehenden nicht mehr verlassen. O Hajael! wenn man rückwärts ginge und rückwärts und rückwärts, Kilometer des Gleichmuts, träfe man endlich auf Seine Stätte und den Ort, wo er Himmel und Erde erschaffen hat.

Eine Reise in den Lüften

Ich hätte nicht gedacht, daß es oben auf dem Eiffelturm so geräumig wäre! Es gibt da Galerien wie die Panorama-Passage des Palais Royal, nur sehr weitläufig und hell. Von dort wurden wir ohne Fortbewegungsmittel weiterbefördert, die Erschütterung allein ließ uns bemerken, daß wir reisten, denn blau und regungslos stand der Himmel. Es ging hinauf, es ging hinab. Aber es war doch nicht immer das gleiche: mitunter hätte man glauben sollen, man wäre in den Lagerräumen der großen Kaufhäuser zwischen lauter Winden und Treibriemen. Meist aber sah man die regungslose Bläue oder weite überwölbte Hallen, Väter und Söhne, die Koffer trugen an einem sonnigen Tag. Ich erinnere mich auch eines unvermuteten Aufenthalts vor einer fröhlichen Gasthaustafel, an der eine Dame den Vorsitz führte, deren Augen so strahlend funkelten wie Diamanten: sie war reich in blaßblaue und weiße Seide gekleidet, und sah zu mir herüber, während sie aß. Weiter unten war ein Rasen, wie in einer Art Park von Saint-Cloud. Ich kann nicht glauben, daß ich dies alles nur im Traum gesehen habe, so wirklich erschien mir alles. Doch da sitze ich nun wieder mit meiner ganzen Traurigkeit, meinen Schmerzen und vor allem meinen Sorgen. Die Zukunft ist schwarz. Anderswo gibt es Welten, wo alles Freude ist: ein Turm in den Lüften wird von einem einzigen Vogel getragen, ein Turm von dreihundert Metern, auf diesem Turm steht ein Mann, der sichtbarer ist als alles übrige, sein Haar und sein Gesicht sind aus Gold, und eine Taube folgt ihm, wenn er sich bewegt. Es heißt, er gehe sehr oft die Mütter der Unschuldigen Kindlein trösten, die noch in den Gärten und Pavillons weinen.

Die Ziege
und der Scheinwerferstrahl

Mein Gott, ein erschrecktes Tier bei Nacht, das ist vielleicht eine Ziege, aber das bin ganz gewiß ich! Manchmal setzt sie die beiden Vorderpfoten auf einen ansteigenden Hang, meist aber erforscht sie die Nacht, stößt mit dem Horn an einen Baumstumpf. Da wird sie von dem Licht eines Scheinwerfers überrascht, jetzt beginnt das Entsetzen! Zuerst traf der Scheinwerfer sie mitten ins Gesicht mit den roten Augen, dann setzte der Scheinwerfer ihr nach, und sie entfloh noch erschreckter, als vorher die Finsternis sie erschreckt hatte. Der Scheinwerfer berührte sie da, dort, überall: da stieß die Ziege einen kläglichen Schrei aus. Einmal blieb sie reglos vor der Strahlenquelle stehen, ließ sich ganz von Licht umfluten und schien glücklich wie jemand, der verstanden hat.

Frühling

Vor diesem Goldstaub der Sonne, über dem Horizont der Ebene, vor diesem Silberstaub der Weiden rings um die Weiher, diesem Gesumse von Käfern aller Sorten, in das die Grille schrillt, die sich vor einem Flugzeug fürchtet, vor diesem Samenstaub der Blüten faltet der Rabe seine wollüstigen Samt- und Seidenflügel ein, sammelt sich, verneigt sich tief und forscht in seinem Busen, aus dem der Schrei des Pelikans aufsteigt, wie Christus in seinem Tode schrie.
Und ich, ein Gnom, ein kranker Greis, wälze unter Tränen, unter Freudentränen wälze ich meinen Kopf in die Beuge meines Arms und rufe:
»Mein Gott, ich bin Pantheist, und du bist unaussprechlich.«

Einige Urteile
der Welt, in der man sich vergnügt

Montag. – »Gestern waren wir bei Mélanie: wir haben uns glänzend unterhalten. Es war reizend. Man kann es gar nicht oft genug wiederholen, um es auch zu glauben.«

Dienstag. – »Nein, wie reizend war es gestern abend bei Suzanne. Marcel ist köstlich, aber Anne-Marie ist unmöglich.« – »Unmöglich.«

Mittwoch. – »Gestern waren wir bei Jules: wir haben uns glänzend unterhalten. Man kann es gar nicht oft genug wiederholen! Maurice malt so reizende Bilder, aber die Musik von Louis taugt nicht!« – »Ja, die soll sehr mäßig sein.«

Donnerstag. – Item.

Freitag. – Item. »Alfred hat sich umgebracht: er war verrückt!« – »Ja, er war verrückt.«

Samstag. – »Sieht man Sie morgen bei Augustine? Max ist abgereist, zu den Benediktinern. Er war verrückt.« – »Ja, er ist verrückt! da muß man schon verrückt sein: er ist verrückt.«

Sonntag. – »Er ist verrückt! alles was recht ist: ein bißchen Religion ist ja sehr löblich, aber wer wird die Schwärmerei denn so weit treiben, daß er sich zu den Benediktinern in die Klause setzt, das ist verrückt. Ich frage Sie, was soll das. Sie wissen doch, daß er ...« – »Ach! was Sie nicht sagen ...«

Nächstenliebe

Wer hat den Kröterich über eine Straße gehen sehen? Wie so ein ganz kleines Männchen: eine Puppe ist nicht winziger. Er schleppt sich auf den Knien: er schämt sich wohl ...? nein! Er hat Rheumatismus. Ein

Bein bleibt zurück, er holt es nach. Wohin geht er bloß? Er kommt aus dem Rinnstein, der arme Hanswurst. Niemand hat dieses Krötentier auf der Straße bemerkt. Früher hat mich niemand auf der Straße bemerkt, jetzt spotten die Kinder über meinen gelben Stern. Glückliche Kröte! du trägst keinen gelben Stern.

Im Paradies

Da bin ich nun im Paradies! ich, der verhutzelte schwarze Pilz? Im Paradies? Nein! Aber das sind doch Bekannte? Bekannte? Nicht wiederzuerkennen! Alle haben lange, ölglänzende Haare, und die auf Erden die Kahlsten waren, tragen hier die prächtigste Mähne. Aber es schickt sich nicht, über eine so heilige Stätte zu witzeln: ich kanns leider nicht lassen! »Ich bins«, sagt Pierre Colle; wer du? Verzeih, aber mit deinem etwas angedunkelten Heiligenschein hab ich dich für Miss Helyett gehalten (eine Operettenheldin von 1891), ihr seid zu jung, um das noch gekannt zu haben. Guten Abend, Gertrude! Ort der Handlung ist jetzt eine Gemäldegalerie; Gertrude blickt mich wohlwollend an. Oh! wie schön du bist! wahrhaftig! Laß dich umarmen! Also! wir umarmten uns; dann trat Gertrude einen Schritt zurück: »Na so was! wer sind Sie eigentlich?« – Max Jacob! Sehr laut wiederhole ich mehrmals meinen Namen. War sie taub geworden? Taub, aber wohlwollend.

Der Tod

Der erfrorene Leib im Leichenhaufen der Welt, wer wird ihn zum Leben erwecken, daß er hier fortkommt?

Ein Berg von Leichen über meinen Leib, wer wird das Leben befreien, daß er darunter hervorkann?

Wie eine Wolke von Bienen kommen die Augen näher, Argusaugen oder die des Schafs in der Offenbarung Johannis.

Unter der Wolke zerschmolz der Leichenhaufen meines Leibes. Platz, hört ihr mich, macht Platz der sanften Ankunft des Herrn.

Kurz, der Leib ist nur noch ein schwacher Umriß, auch die Augen der Wolke sind verschwunden.

Kaum daß soviel wie ein Beefsteak bleibt, ein Blutfleck und einige Marmorbrocken zur Erinnerung an einen vergessenen Namen.

Bewegte Seele schafft den Himmel neu

Ich sah den Herrn unter den Wassern eines Flusses. Der Fluß war durchsichtig. Das Gewand war düster, aber es war weder schmutzig noch feucht. Eine schattige Muschel in meinen Händen, eine Perlmuschel . . . was bedeutet dieses Symbol? und du, schlummernde Najade, bist du nicht das Gleichnis meiner Seele? Meine träge Seele ist diese Najade! Als sie erwachte, überzog das Gewand des Herrn sich mit Arabesken; der Herr wand sich und warf sich herum wie ein

Schwimmer und Sein Blick geruhte den meinen am Ufer zu erreichen. Lebendig also wieder strömst du, himmlische Natur, wenn meine Seele quillt? Friedfertig wallte Woge um Woge unter Paradiesesbäumen über den Sand. Die Muschel schimmerte sanft in meiner Hand, und ich bemerkte, daß die Perlen sich zu röten begannen, wie Rubine.

Nachbemerkung

»Ich habe immer Gedichte in Prosa oder halb in Prosa gemacht. Wenn meine fünf Geschwister und ich, als wir noch ganz klein waren, bei Nacht unter der Führung des Kindermädchens von dem Jahrmarkt mit seinen Schaubuden heimkamen, fürchteten wir uns sehr in dem unbeleuchteten Treppenhaus; da hatte ich mir folgendes ausgedacht: ›Meine Damen Katzen und meine Herren Diebe, wenn es hier Katzen und wenn es hier Diebe gibt, meine Damen Katzen, wollt mich nicht kratzen! Meine Herren Diebe, laßt euch belieben: macht es nicht lange, macht uns nicht bange!‹ «

Max Jacob wurde am 12. Juli 1867 als viertes Kind des jüdischen Antiquitätenhändlers Lazare Alexandre in der bretonischen Kreisstadt Quimper (Finistère) geboren; der Großvater väterlicherseits war 1806 aus Preußen ausgewandert; die Familie nimmt 1886 den Nachnamen Jacob an. Max Jacob besucht ab 1894 die Ecole Coloniale in Paris; seit 1898 verschiedene Berufe: Kanzleischreiber, Lehrer, Warenhausverkäufer, Kunstkritiker, Astrologe, Maler; seit 1901 Freundschaft mit Pablo Picasso; 1903 erscheint sein erstes Werk, die *Histoire du roi Kaboul et du marmiton Gauvain;* wohnt ab 1907 mit Picasso auf Montmartre, in dem berühmt gewordenen »Bateau-Lavoir« der Rue Ravignan; am 22. September 1909 erste Vision Christi, der ihm auf der Wand seines Zimmers, in einer von ihm selbst gezeichneten Landschaft, erscheint; Freundschaft mit Georges Braque, Juan Gris, Modigliani, André Salmon, Guillaume Apollinaire,

Jean Cocteau; Picasso und Derain illustrieren für Henri Kahnweiler seine nächsten Bücher; am 17. Dezember 1914 zweite Vision: Max Jacob erblickt Christus in ähnlicher Gestalt wie 1909 im Kino auf der Leinwand; empfängt am 18. Februar 1915 die Taufe; Picasso ist sein Taufpate; zwischen den *Oeuvres burlesques et mystiques du Frère Matorel* (1912) und *La Défense de Tartufe, Extases, remords, visions, prières, poèmes et méditations d'un Juif converti* (1919; neue, kommentierte Ausgabe von André Blanchet, 1964) erscheint 1917 »auf Kosten des Autors« die erste Ausgabe des *Cornet à Dés;* es folgen Gedichtsammlungen (*Le Laboratoire central*, 1921; *Les Pénitents en Maillots roses*, 1925; *Le Fond de l'Eau*, 1927), Prosagedichte (*Visions infernales*, 1924), Romane (*Le Terrain Bouchaballe*, 1922, *Filibuth ou La Montre en Or*, 1922; *L'Homme de Chair et l'Homme Reflet*, 1924) und andere Veröffentlichungen, darunter »keltische Volkslieder«, als deren Verfasser Max Jacob sich hinter dem Pseudonym »Morven Le Gaëlique« versteckt; 1921 erster Aufenthalt im Presbyterium der Benediktinerabtei von Saint-Benoît-sur-Loire, wohin er sich 1937 endgültig zurückzieht; 1943/44, sein Bruder Gaston und seine Schwester Myrté-Léa werden nach Auschwitz verschleppt und ermordet; 24. Februar 1944, Max Jacob wird verhaftet; er stirbt am 5. März an einer Lungenentzündung im Konzentrationslager von Drancy.

Die meisten Gedichte des *Cornet à Dés* sind vor dem ersten Weltkrieg entstanden. Die Erstausgabe von

1917 trägt den Vermerk: »Die Gedichte, die auf den Krieg anspielen, wurden um 1909 geschrieben und dürfen prophetisch genannt werden. Sie haben nicht den Tonfall, den unsere Schmerzen und der Anstand von Kriegsgedichten fordern: sie stammen aus einer Zeit, die das kollektive Leiden nicht kannte. Ich habe Fakten vorausgesehen; ihr Grauen habe ich nicht geahnt.«

Die zweite Ausgabe des »Würfelbechers«, »*Edition complète, revue et corrigée par l'auteur*«, erschien 1923, mit einem kleinen Vortext von Georges Gabory und einer Widmung »*à Madame la princesse Georges Ghika et au prince Georges Ghika*«, bei denen Max Jacob in Roscoff die Monate August und September verbracht hatte. Die letzte Ausgabe von 1945 enthält, statt des Textes von Gabory, ein »*Petit historique au Cornet à Dés*« aus dem Jahr 1943 und eine Beigabe unter dem Titel »*Le Cornet à Dés: Adde*«. 1955 gab André Salmon unter dem Titel *Le Cornet à Dés II* eine Sammlung von Prosagedichten aus dem Nachlaß heraus, der er eine »*Note liminaire*« voranstellte.

Die Auswahl der hier übersetzten Prosagedichte folgt in der Anordnung den Ausgaben von 1923 und 1945; die Gedichte des Dritten Teils ab S. 71 stammen aus dem von Salmon herausgegebenen Nachlaßband, ab S. 79 aus den 1961 erschienenen *Derniers Poèmes en vers et en prose, Nouvelle édition revue et augmentée.*

Das Baudelaire gewidmete »Gedicht in einem Geschmack, der nicht der meinige ist« (S. 22) parodiert das Prosagedicht »*Les Tentations*« aus Baudelaires posthum erschienener Sammlung *Le Spleen de Paris.* – »Der Hahn und die Perle« (S. 27) ist der Titel einer kurzen Fabel von Jean de Lafontaine (I, 20); die von Max Jacob als letzter Satz des ersten Stückes ungenau zitierten Schlußverse dieser Fabel lauten: »*Mais le moindre ducaton/Serait bien mieux mon affaire.*« Mit dem Gönner, auf den dieser Text anspielt, dürfte der Modeschöpfer Paul Poiret gemeint sein, dessen Gast Jacob 1912 auf der Insel Tudy war. – »Im Paradies« (S. 81): Pierre Colle, ein langjähriger Freund Max Jacobs; Gertrude ist Gertrude Stein.

F. K.

Inhalt

Bibliothek Suhrkamp

Verzeichnis der letzten Nummern

Bibliothek Suhrkamp

Alphabetisches Verzeichnis